HALLIHALLO!

Hast du schon einmal eine Rundreise gemacht?
Dabei bist du tagelang in verschiedenen Ländern unterwegs, lernst fremde Kulturen kennen und sammelst viele unvergessliche Erfahrungen.

Hast du schon einmal eine Abenteuerreise gemacht?
Dabei triffst du die unterschiedlichsten Menschen, isst exotische Gerichte und erlebst spannungsvolle Situationen.

Hast du schon einmal eine Gebetsreise gemacht?
Dabei bist du mit Gott unterwegs. ER ist der kompetenteste Reisebegleiter! Schließlich hat ER die ganze Welt, jedes Land, jeden Menschen und jeden Grashalm geschaffen! Deshalb kennt ER sich in allem bestens aus. So bekommst du auf der Gebetsreise Informationen über das jeweilige Land und die einheimischen Menschen. Anschließend kannst du dich mit Gott darüber unterhalten (beten).

Hast du schon einmal eine Missionsreise gemacht?
Dabei lernst du Missionare und einheimische Christen kennen, die auf ganz verschiedene Art Gottes Liebe in Wort und Tat weitergeben.

Hast du schon einmal eine Zeitreise gemacht?
Dabei reist du in die Vergangenheit oder Zukunft und kannst zum Beispiel sehen, welche Streiche deine Eltern als Kinder gespielt haben, ob deine Lehrer als Schüler Spickzettel hatten oder wie die Welt im Jahr 2050 aussehen wird.

Herzlichen Glückwunsch –
dieses Buch bietet dir all diese Reisen!
Okay, ehrlicherweise ist die Zeitreise nur bedingt möglich, aber wenn du in diesem Gebetsbuch liest, nimmt es dich in verschiedene Länder, zu spannungsvollen Situationen sowie in längst vergangene Zeiten mit. Die Zukunft kannst du dann durch dein Gebet mitgestalten!

Lust bekommen mitzureisen? Dann nichts wie los!

Bastel dir ein Lesezeichen, damit du immer weißt, wo du gerade bei deiner Gebetsreise bist.

Dazu schneidest du diesen Streifen aus und klebst ihn mit dieser Seite auf einen festen Karton.

Lesezeichen

Zu dieser Reise musst du weder einen Reisepass beantragen, noch deinen Koffer packen, Geld umtauschen oder dich impfen lassen. Du musst dich noch nicht einmal ordentlich anziehen oder kämmen! Ist das nicht toll?

WIE?

1. Lies die zwei Seiten des Gebetsbuchs, die dran sind
2.Schau dir die Bilder dazu an
3. Gehe die Fragen durch:
Was habe ich neu entdeckt?
Worüber staune ich? Was hat mich gefreut?
Was hat mir zu denken gegeben?
Wofür möchte ich Gott bitten?
4. Schreib es in dein Gebetstagebuch
5. Rede mit Gott darüber

WANN?

Nimm dir Zeit, in der du ungestört deine Gebetsreise mit Gott fortführen kannst. Jede Woche sind zwei neue Seiten dran. Ein Lesezeichen zum Ausschneiden findest du hier links. Damit kannst du markieren, wie weit du mit der Reise gekommen bist.

WO?

Suche dir einen gemütlichen, ruhigen Ort, wo du dich konzentrieren kannst. Vielleicht kannst du dir einen Globus aufstellen, eine Weltkarte oder Poster von Tieren, Menschen und Landschaften aufhängen, um das Reiseziel deutlicher vor Augen zu haben. Selbst gemalte Bilder zu den entsprechenden Reiseländern sind auch empfehlenswert!

Wochenaktion:
Kauf dir ein schönes Heft und mache daraus dein persönliches Gebetsheft. Hier kannst du aufschreiben oder malen, was dir während der Gebetsreise wichtig geworden ist und für wen und was du weiterhin beten möchtest.

WOZU?

»Wie wichtig es ist, Gott unermüdlich um alles zu bitten, machte Jesus deutlich.« (Lukas 18,1). Die Gebetsreise soll dir die Möglichkeit dazu bieten! Du kannst für Menschen, Länder, Situationen und all das beten, was dir auf dem Herzen liegt. Gott hört dich, nimmt deine Anliegen ernst und reagiert darauf. Deshalb sind deine Gebete sehr wichtig und können sogar die Welt verändern!

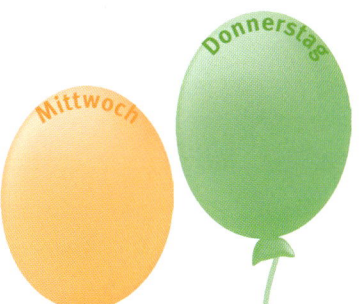

GEBETSBALLON

Die Gebetsballons schlagen dir vor, über was du dich am jeweiligen Tag mit deinem Wegbegleiter, Gott, unterhalten kannst.

Tipp: Zusätzlich zum Gebet kannst du jede Woche eine Aktion durchführen. Diese kannst du allein oder gemeinsam mit Freunden, deiner Familie, deiner Klasse oder deiner Kindergruppe in Angriff nehmen.

7

Wir Menschen haben etwas, was kein Lebewesen sonst auf der Welt hat – wir haben eine Sprache, durch die wir uns sehr genau ausdrücken können.

Wir sind in der Lage, anderen mitzuteilen, wenn wir glücklich, sauer, albern, verzweifelt oder verliebt sind. Wir können andere um Hilfe bitten oder ihnen eine Geschichte erzählen. Wir können voneinander lernen, aber auch streiten und einander weh tun.

Das alles und noch viel mehr können wir mit unserer Sprache machen. Dies ist eine einzigartige Gabe, die uns Gott gegeben hat.

Und genau durch diese Gabe können wir auch mit Gott Kontakt aufnehmen. Wir können ihm laut oder leise alles sagen – wie es uns geht, was uns begeistert, dass wir Hilfe brauchen und welche Person oder Sache uns besonders beschäftigt.

In Matthäus 7, 7-11 sagt Jesus zu diesem Thema:
»Bittet Gott, und er wird euch geben! Sucht, und ihr werdet finden! Klopft an, dann wird euch die Tür geöffnet. Denn wer bittet, der wird bekommen. Wer sucht, der findet. Und wer anklopft, dem wird geöffnet. Wenn ein Kind seinen Vater um ein Stück Brot bittet, wird er ihm dann einen Stein geben? Wenn es um einen Fisch bittet, wird er ihm etwa eine giftige Schlange anbieten? Wenn schon ihr hartherzigen, sündigen Menschen euern Kindern Gutes gebt, wie viel mehr wird euer Vater im Himmel denen gute Gaben schenken, die ihn darum bitten!«

Gott hat uns versprochen, dass er genau hört, was wir ihm sagen und auch darauf reagiert.
Er antwortet auf deine Gebete wie ein guter Vater, mit einer der drei Antworten:

JA (Gott erfüllt deine Bitte.)

WARTE (Gott erfüllt deine Bitte erst nach einer gewissen Zeit.)

NEIN (Gott erfüllt deine Bitte nicht, weil er weiß, dass das nicht gut wäre.)

Also mach viel Gebrauch von dem großen Vorrecht, mit Gott immer und überall über alles sprechen zu können. Du wirst sehen, durch dein Gebet wird sich so einiges verändern!

DER REISECHECK

Hier erfährst du, was für ein Gebetsreisetyp du bist.

Ich esse gerne außergewöhnliche Sachen wie lebendige Maden oder frittierte Heuschrecken.

Auswertung 1

Ich lüge nie.

Ich bin ein Held!

Auswertung 2

10

Wenn du eine Frage mit »ja« beantwortest, dann folge dem roten Pfeil. Wenn du eine Frage mit »nein« beantwortest, dann folge dem weißen Pfeil. Mal sehen, was am Schluss rauskommt ...

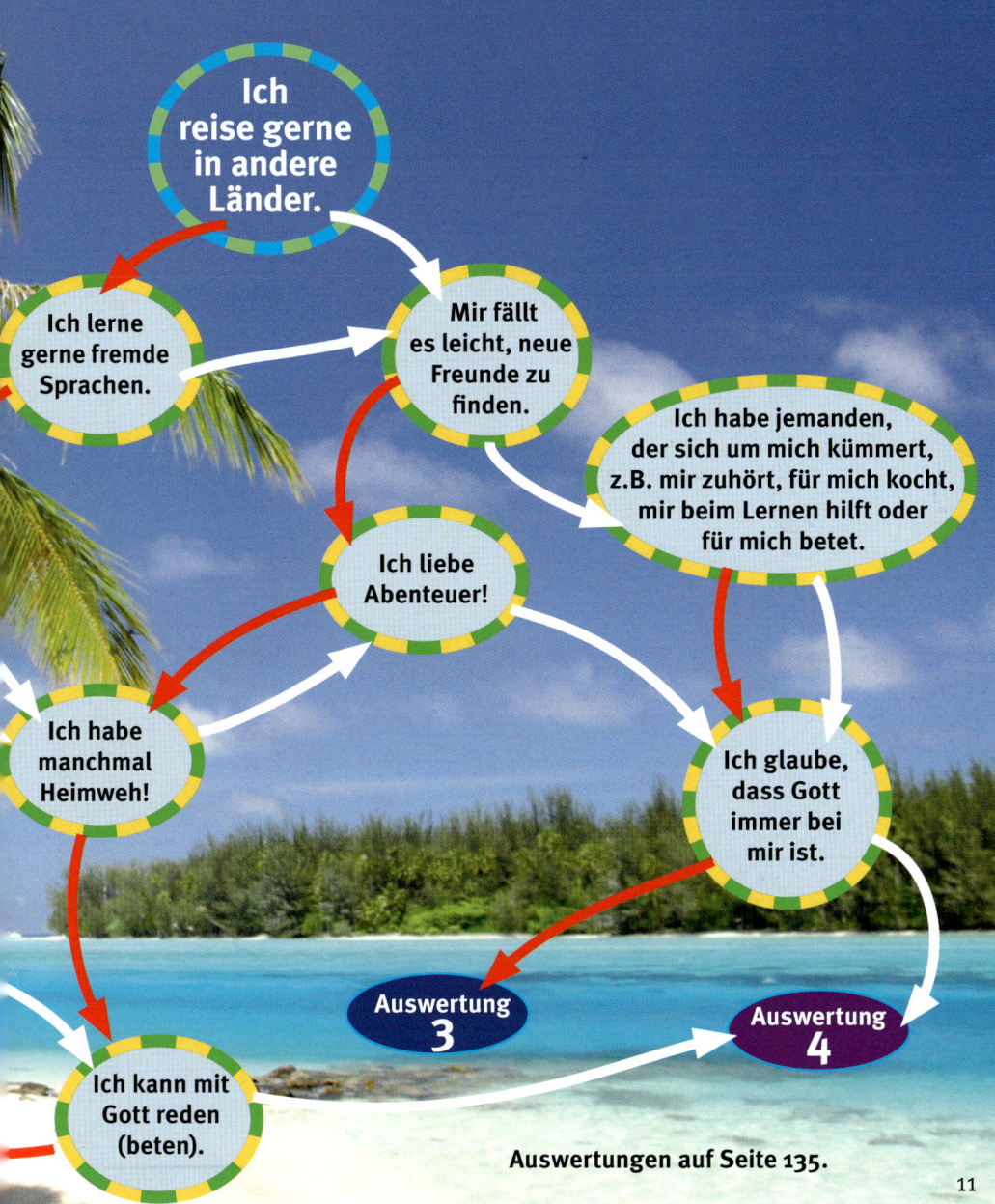

Ich reise gerne in andere Länder.

Ich lerne gerne fremde Sprachen.

Mir fällt es leicht, neue Freunde zu finden.

Ich habe jemanden, der sich um mich kümmert, z.B. mir zuhört, für mich kocht, mir beim Lernen hilft oder für mich betet.

Ich liebe Abenteuer!

Ich habe manchmal Heimweh!

Ich glaube, dass Gott immer bei mir ist.

Auswertung 3

Auswertung 4

Ich kann mit Gott reden (beten).

Auswertungen auf Seite 135.

11

Nun kann es losgehen!
Dein Wegbegleiter ist schon bereit!
Was? Du siehst ihn nicht? Nun ja, da gibt e
noch eine Kleinigkeit, die du wissen solltest:

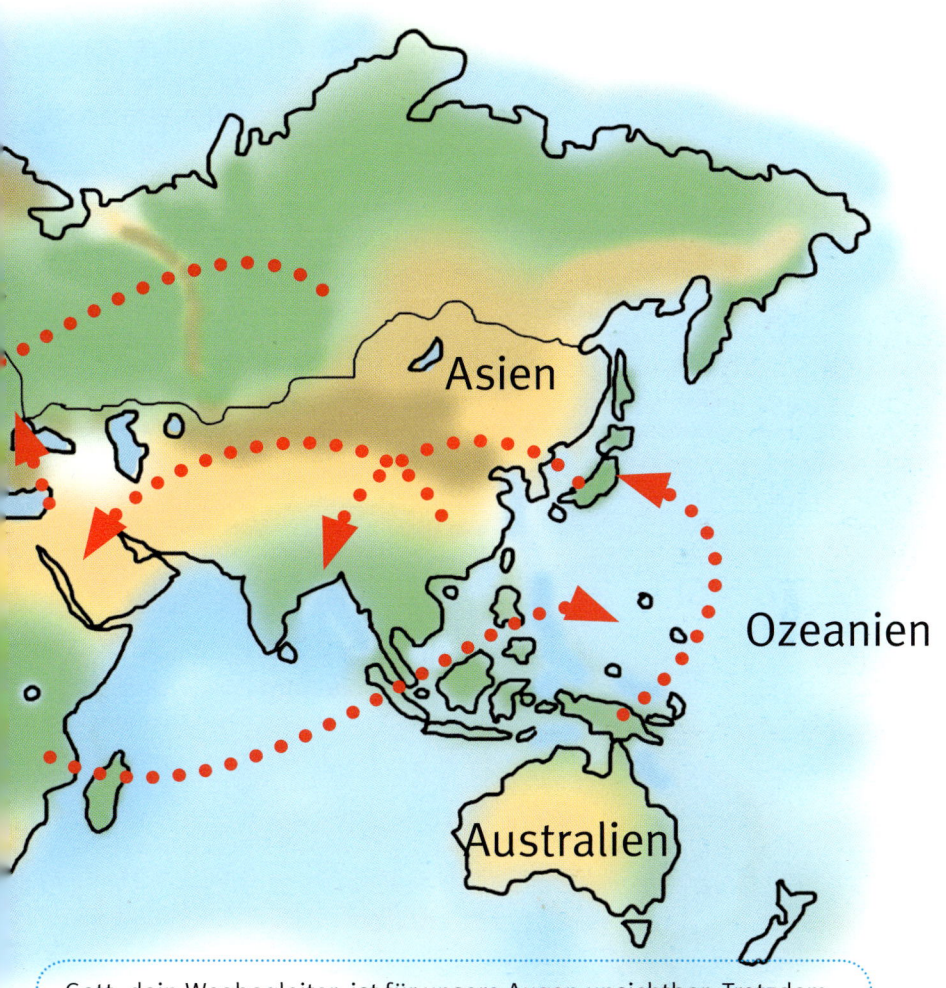

Asien

Ozeanien

Australien

Gott, dein Wegbegleiter, ist für unsere Augen unsichtbar. Trotzdem kannst du jederzeit und überall mit ihm reden. Er hört alles, was du laut und leise sagst. Mit deinen Ohren kannst du ihn meistens nicht hören, aber du wirst erleben, wie er in dein Herz spricht. Das merkst du daran, dass dir etwas voll wichtig wird oder dass du einen Gedanken bekommst, auf den du selbst nie gekommen wärst. Gott hat noch viele andere Möglichkeiten mit dir zu reden, zum Beispiel durch die Bibelstellen, durch andere Menschen oder durch Begebenheiten. Aber das merkst du dann schon, wenn du es ausprobierst!

AMERIKA

Denkmäler erinnern an die große Entdecker wie Kolum

Unsere Gebetsreise startet zu einem Kontinent, der noch vor rund 500 Jahren auf keiner Weltkarte eingezeichnet war. Damals ahnte man nicht, dass zwischen Europa und Asien mit 42 Millionen km² der zweitgrößte Kontinent der Erde liegt. Kannst du dir das vorstellen?

Im Jahr 1492 machte sich **Christoph Kolumbus** mit drei Segelschiffen auf, um einen schnelleren Weg nach Ostasien zu finden. Als er nach zehnwöchiger Schifffahrt tatsächlich auf Land stieß, glaubte er, im damaligen Indien gelandet zu sein. In Wirklichkeit befand er sich auf einer kleinen Insel in der Karibik und hatte somit die sogenannte »Neue Welt« entdeckt.

Der Italiener **Amerigo Vespucci** schrieb als erster auf, dass es sich bei dem neu entdeckten Land um einen eigenständigen Erdteil handelt. Auf diese Aussage hin zeichnete 1507 der Freiburger Kartograph Martin Waldseemüller diese neu erfasste Landmasse auf seine Weltkarte ein und benannte sie zu Ehren von Vespucci »America«. Spätere Versuche, den Kontinent nach seinem Entdecker Kolumbus zu benennen, scheiterten. Lediglich bei Kolumbien wurde der Name des großen Entdeckers übernommen.

Nun ja, wenn man es genau nimmt, war Kolumbus wahrscheinlich gar nicht der erste Entdecker Amerikas. Man sagt, dass bereits **um das Jahr 985 der Wikinger Bjarne Herjolfsson**, der auf dem Weg nach Grönland in Seenot geriet, an der nordamerikanischen Küste strandete.

Der amerikanische Kontinent erstreckt sich fast vom Nordpol bis zum Südpol, vom eisigen Alaska bis zum südlichsten »Zipfel« des Feuerlandes (Kap Hoorn), und zeichnet sich durch eine sehr abwechslungsreiche Naturlandschaft aus. Der Erdteil wird im Allgemeinen in Nord-, Mittel- und Südamerika unterteilt, wobei oft Nordamerika (mit Mittelamerika)

Montag
Himmlischer Vater, wie wunderbar und vielfältig hast Du den großen Kontinent Amerika geschaffen!

Dienstag
Allwissender Gott, danke, dass Du Menschen Klugheit und Ideen geschenkt hast, damit sie Schiffe, Autos oder Computer erfinden konnten.

Die Überfahrt mit Segelschiffen ist ganz schön gefährlich.

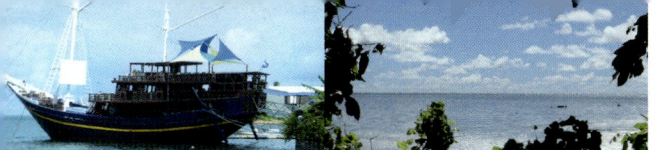

Neugier ließ viele Entdecker zu neuen Ufern aufbrechen.

Wochenaktion:
Entdecke Amerika und finde heraus, welche Länder zu diesem Kontinent gehören. Die Namen kannst du dann in der Karte eintragen.

und Südamerika auch als zwei getrennte Kontinente gesehen werden. Die relativ schmale Landzunge von Mittelamerika eignete sich sehr gut, um eine »Abkürzung« für Schiffe zu bauen. So wurde 1915 der **Panama-Kanal** fertiggestellt, der den atlantischen und den pazifischen Ozean miteinander verbindet. Dadurch müssen die Schiffe nicht mehr ganz um Amerika herumfahren und kommen viel schneller an ihr Ziel.

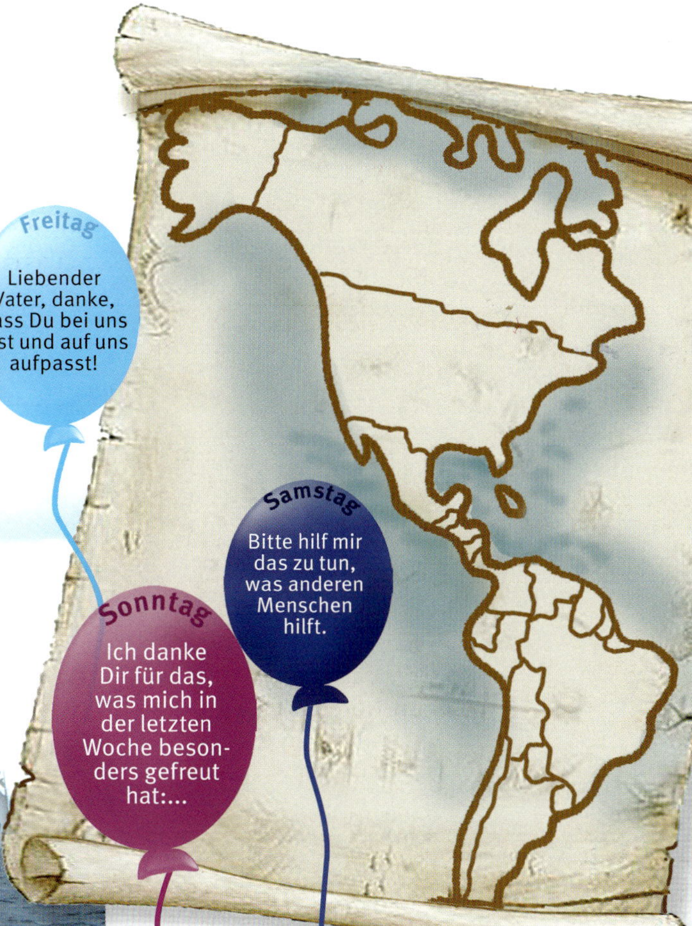

Mittwoch
Vielen Dank, dass Du Kolumbus den Mut gegeben hast, neue Wege auszuprobieren!

Donnerstag
Manchmal kommt alles anders als man denkt. Aber wir können auch in solchen Situationen Dir vertrauen. Danke!

Freitag
Liebender Vater, danke, dass Du bei uns bist und auf uns aufpasst!

Samstag
Bitte hilf mir das zu tun, was anderen Menschen hilft.

Sonntag
Ich danke Dir für das, was mich in der letzten Woche besonders gefreut hat:...

»Viele sprechen von Amerika, obwohl sie eigentlich die Vereinigten Staaten Amerikas (USA) meinen. Das ist nicht ganz richtig, denn zu dem Kontinent Amerika gehören noch wesentlich mehr Länder!«

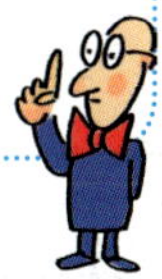

AMERIKA

Indianer versuchten sich mit Traumfängern vor schlechten Träumen zu schützen.

Dass Amerika lange Zeit »unentdeckt« war, heißt natürlich nicht, dass es auch unbewohnt war. Der Kontinent wurde von den Ureinwohnern (Indianern) bewohnt.

Als Kolumbus Amerika entdeckte, lebten dort bereits mehrere Millionen Indianer in über 500 Stämmen räumlich weit verstreut. Die einzelnen Stämme hatten ganz verschiedene Bekleidung, Rituale, Gerichte, Schmuck, Waffen und Sprachen. Allein in Nordamerika gab es etwa 200 Sprachen und die verschiedenen Stämmen konnten sich oft nicht untereinander verständigen. Um das Problem zu lösen, wurde eine allgemein verständliche Zeichensprache entwickelt. Darüber hinaus verständigten sich die Indianer über weite Entfernungen hinweg mit

Signalen wie Rauch-, Feuer-, Staub- oder Leuchtzeichen, und geschrieben wurde mit symbolhaften, einfachen Zeichnungen. Ganz schön clever, nicht wahr?

Weißt du übrigens, wie die Ureinwohner Amerikas zu dem Namen Indianer kamen?

In einem Brief bezeichnete Kolumbus die Menschen, die er in Amerika antraf, als »una gentre en dio« (ein Volk in Gott). Von den Worten **»en dio«** wurde später im Spanischen das Wort »Indio«, im Englischen »Indian« und im Deutschen »Indianer« abgeleitet. Sie selbst bezeichnen sich jedoch als **»Ureinwohner Amerikas«** (Native American) oder die **»Ersten Nationen«** (First Nations).

Den Alltag verbrachten die Indianer mit jagen, fischen, Beeren und wildwachsende Pflanzen sammeln, angebaute Pflanzen pflegen und schlafen. Der größte Teil des Tages wurde für die Nahrungs-

Montag

Himmlischer Vater, ich danke Dir, dass Du uns Menschen so unterschiedlich geschaffen hast!

Dienstag

Wie wunderbar, dass Du alle Sprachen auf der ganzen Erde verstehen kannst.

Mittwoch

Egal in welchen Worten ich bete, Du weißt genau, wie ich es meine Danke!

In der Prärie lebten die Indiander in Tipis. Die Wände waren aus Büffelleder und sie waren sehr leicht auf- und abzubauen.

...tes Treiben auf einem ...rkt in Mexiko.

Quechua Indianer in ihrer traditionellen Tracht.

Wochenaktion:
Entwickle mit deinen Freunden oder Geschwistern eine Geheimsprache, in der ihr euch verschlüsselte Nachrichten schreiben oder sagen könnt.

suche verwendet. Viele Stunden verbrachte man auch mit dem Anfertigen oder der Reparatur von Waffen, Werkzeugen und der Kleidung. War die Arbeit getan, verbrachten die Indianer so manche Stunde mit Wett- und Glücksspielen.

Die Indianer glaubten, dass die ganze Welt eigentlich dem »Großen Geist« gehört und zur Nutzung nur den Menschen geliehen worden ist. Sie gingen davon aus, dass alle Dinge (Natur, Erde, Tiere, Menschen) beseelt sind und dass es Geister gibt, die Macht auf Menschen, Tiere und Natur ausüben können. Darum gingen sie mit besonderer Ehrfurcht und Vorsicht mit der Natur um. Es gab auch viele Tänze und Zeremonien, die zu Ehren der Natur dargebracht wurden (Adlertanz, Büffeltanz, Sonnentanz, Feuertanz, Maistanz und so weiter). Bei den Zeremonien schmückten sich die Indianer mit schönen Federn oder Hautbemalungen in verschiedenen Farben.

Freitag
Lieber Vater, danke, dass wir jeden Tag genug zu essen haben!

Donnerstag
Danke für die Indianer! Folgendes finde ich an ihnen besonders toll:...!

Früh übt sich!

Samstag
Es macht mich traurig, wenn Menschen anstatt Dich, den Schöpfer, die Dinge anbeten, die Du geschaffen hast.

Sonntag
Bete den Psalm 148!

Frage: Weißt du, warum die Indianer auch oft als »Rothäute« oder »roter Mann« bezeichnet wurden? Eigentlich ist ihre Haut ja nicht rot, sondern eher bräunlich. Antwort: Einige Stämme hatten die Angewohnheit, sich bei bestimmten Zeremonien mit roter Farbe zu bemalen. Dies war so eindrücklich, dass sie danach benannt wurden.

AMERIKA

An der Nordküste Alaskas steigen die Temperaturen nur im Sommer über 0°C.

Der Regenwald entlang des Amazonas ist die Heima unterschiedlichsten Tier-, Baum- und Pflanzenarten

Mit der sensationellen Entdeckung von Kolumbus begann eine harte Zeit für die Ureinwohner Amerikas. Es trafen immer mehr Spanier, Franzosen, Portugiesen und Engländer mit Schiffen ein und versuchten so viel Land wie möglich für sich zu gewinnen. Viele Europäer bauten zahlreiche Siedlungen, um ihr Glück in der »neuen Welt« zu versuchen. Sie brachten auch afrikanische Sklaven mit und begannen große Felder und Plantagen anzulegen. Die Indianer, die die neuen Mitbürger anfangs willkommen hießen, merkten bald, dass diese gierig und rücksichtslos das Land einnahmen. Dies führte unweigerlich zu schlimmen Kämpfen.

Zusätzlich schleppten die Europäer ungewollt neue Krankheiten ein, zum Beispiel Pocken oder Masern, gegen die die Ureinwohner keine Abwehrkräfte hatten. Sehr viele starben daran. Nicht selten wurden auf diese Weise ganze Stämme und somit auch Kulturen vernichtet. Letztendlich wurden die Indianer in Reservaten (abgestecktes Land) untergebracht. Die Engländer verdrängten die Franzosen aus Nordamerika;

Machu Picchu – eine alte Inkastätte in Peru.

Die Alpakas leben in den Anden. Sie bieten den Menschen super Wolle.

Gemüse wie Kartoffeln, Tomaten, Mais, Kürbis oder Paprika (Chili) kommen aus Amerika.

Welches Bison hat den größeren Dickkopf?

Wüstenlandschaft von Monument Valley.

und Südamerika wurde größtenteils zwischen Spanien und Portugal aufgeteilt. Das ist der Grund, warum bis heute die Hauptsprachen in Amerika Englisch, Spanisch, Portugiesisch und Französisch sind.

Anfangs wurde Amerika noch von Europa aus regiert. Doch mehr und mehr wuchs der Wunsch, dass die Bevölkerung ihren eigenen Staat haben wollte. Diese Unabhängigkeit musste jedoch hart erkämpft werden. Zum Beispiel kostete es acht Kriegsjahre, bis endlich 1783 Großbritannien erlaubte, dass die Vereinigten Staaten von Amerika (USA) gegründet werden durften. Noch viele weitere Kriege folgten gegen die Indianer, gegen Nachbarstaaten und gegen fremde Länder. Trotzdem blieb Amerika ein Erdteil, der stets Menschen aus der ganzen Welt anlockte.

Warum? Na, weil er jede Menge zu bieten hat: Auf dem Kontinent ist jedes Klima vertreten– vom kalten Alaska mit seinem »ewigen Eis«, über Wüstenlandschaften im Death Valley (Tal des Todes) bis zu dem tropisch heißen Regenwald. Es gibt atemberaubenden Nationalparks wie den Grand Canyon oder die Rocky Mountains, Amazonien mit dem größten Regenwald sowie die Vulkanketten im Feuerland.

Außerdem findet man hier auch die trockenste Wüste
(. . . . .),
die höchsten Wasserfälle (978 m)
(. . . . .),
die längste Gebirgskette (. . . . .)
und den wasserreichsten Fluss (. . . . .)
der ganzen Erde!

Donnerstag
Einfach klasse, wie Du Dinge wie Eis, Lava, Affen oder Kokosnüsse erfinden konntest.

Samstag
Ich will Deine Schöpfung nicht kaputt machen! Bitte hilf uns mit der Natur und der Umwelt gut umzugehen.

Freitag
Herr, unser Herrscher! Groß und herrlich ist Dein Name. Himmel und Erde sind Zeichen Deiner Macht. (Psalm 8,2)

Sonntag
In der vergangenen Woche habe ich folgendes neu gelernt: ....

Im Yellowstone Nationalpark sind die meisten heißen Quellen und Geysire (rund 200) unserer Erde.

Setze die Namen richtig ein: Amazonas, Atacamawüste, Angelfalls, Regenwald, Anden

KANADA

Nachdem du nun schon so einiges über Amerika gehört hast, fliegst du jetzt nach Kanada. Bis das Flugzeug den Flughafen in Toronto erreicht, hast du über 8 Stunden Zeit, um dich über das Land kundig zu machen: **Kanada ist nach Russland das zweitgrößte Land der Erde.** Mit 9.984.670 km² ist es fast 28 mal so groß wie Deutschland. Die Hälfte der Fläche ist bewaldet, es gibt zahlreiche Seen und die Natur ist überwältigend

Das kanadische Volk ist eine Mischung aus einheimischen und zugewanderten Völkern, sowie den indianischen Ureinwohnern. Bei der Landessprache hat man sich auf Englisch und Französisch geeinigt. Der Großteil der Bevölkerung sind Christen.

Kanada ist als Ziel für Einwanderer (Immigranten) und Flüchtlinge sehr beliebt. Jedes Jahr kommen etwa 300 000 Menschen aus verschiedenen Teilen der Erde nach Kanada.

Meistens lassen sie sich in einer großen Stadt wie **Toronto** nieder und versuchen dort ein neues Leben aufzubauen. Dementsprechend bunt gemischt und international ist die Bevölkerung in Toronto – Menschen aus China, Italien, Afghanistan, Indien, Deutschland, Afrika, Ukraine, Philippinen, Bangladesch und der Karibik kommen hier zusammen.

Montag

Himmlischer Vater, danke für Kanada und die Menschen, die dort leben!

Kanada hat mit rund 240 000 km die längste Küstenlinie der Welt.

Dienstag

Bitte hilf den Menschen, die aus verschiedenen Gründen ihre Heimat verlassen mussten.

In Toronto sind Menschen aus aller Welt Zuhause.

schön. Eine besondere Attraktion bieten die Niagarafälle, wo man bewundern kann, wie Wassermassen in über 50 Meter Tiefe hinunterstürzen.

Die meisten der rund 34 Millionen Einwohner Kanadas bevorzugen es, in einer großen Stadt zu wohnen. So kommt es, dass jeder dritte Kanadier in Städten wie Toronto, Montreal, Vancouver oder Ottawa (Hauptstadt) wohnt. Viele Teile des Landes sind deswegen eher dünn besiedelt.

Wochenaktion:
In deiner Nähe wohnen sicher auch Menschen, die aus anderen Ländern hergezogen sind. Besuche sie einfach mal und unterhalte dich mit ihnen über ihre Heimat. Es wird sicher interessant!

Achtung: Bei der Besichtigung der Niagarafälle wird man ganz schön nass.

Samstag
Die gewaltigen Berge, die unendliche Weite und die wunderschönen Seen sind Zeugen Deiner Größe und Macht!

Sonntag
Heute singe ich für Dich ein Lied, das Dich ehrt!

Freitag
Lieber Vater, tröste die Menschen, die unglücklich sind. Ich denke da vor allem an ...

Viele Einwanderer bringen ihre Kultur (Sprache, Religion, Essgewohnheiten, Festtage usw.) nach Kanada mit. Deshalb sind kulturelle Feste wie das chinesische Neujahrsfest in Vancouver, der Caribana-Umzug in Toronto oder das »neue Frankreich-Fest« in Québec mittlerweile ein fester Bestandteil des kanadischen Lebens.

Weißt du welche Sportart in Kanada entstanden ist?
Curling
Eishockey
Baseball

Mittwoch
Zeig mir bitte, wen ich während dieser Wochenaktion besuchen sollte.

Donnerstag
Gib mir Verständnis und Liebe für die Menschen in meiner Umgebung, die andersartig sind.

Lösung: Eishockey

Was ist denn da passiert? Das »Glaub es oder nicht«- Museum.

21

KANADA

Endlich ist das Flugzeug in Toronto gelandet. Bei der Passkontrolle unterhält sich der Beamte längere Zeit mit der Familie, die vor dir an der Reihe ist. Es scheint Schwierigkeiten zu geben. Nach einiger Zeit werden sie doch durchgelassen. Zum Glück gibt es bei dir keine Probleme. Außen in der Ankunftshalle steht Lucy bereit, um dich abzuholen: »Hello, welcome to Canada! Schön, dass du da bist! Hattest du einen guten Flug?« »Ja, klar!« »Ich hoffe, dir macht es nichts aus, wenn ich noch ein paar andere Leute mitnehme?« »Nein, natürlich nicht.« Mit diesen Worten geht Lucy auf die Familie zugeht, die dir bereits bei der Passkontrolle begegnet ist. Beim Anblick von Lucy wirken die Leute sehr erleichtert. Mit einem Lächeln auf den Lippen geht ihr gemeinsam zum Auto.

Während der Fahrt fragst du die Familie: »Was wollte der Beamte denn vorhin bei der Passkontrolle?« Der Familienvater antwortet: »Wir sind Flüchtlinge aus dem Irak.« »Flucht? Warum müsst ihr denn flüchten? Habt ihr etwas Böses getan?« »Nein, nein, aber wir sind Christen.«, schaltet sich die Mutter ein. »Das gefällt unserer Regierung gar nicht und so mussten wir so schnell wie möglich das Land verlassen, bevor wir eingesperrt oder noch Schlimmeres passiert wäre.« Der Vater fügt hinzu: »Wir haben alles verkauft, um unsere Flugtickets zu bezahlen. Wahrscheinlich werden wir auch unsere Freunde und Verwandten dort nie mehr sehen. Trotzdem sind wir froh, dass wir es bis nach Kanada geschafft haben.« Lucy erklärt: »Es gibt viele Menschen auf der Welt, die wegen Krieg, Verfolgung oder Katastrophen aus ihrem Land flüchten müssen. Unser Adamhouse soll Flüchtlingen für die erste Zeit in Kanada eine neue Heimat bieten, wo sie sich sicher fühlen können. Es

Montag
»Verteidigt die Armen und die Waisenkinder, verschafft Wehrlosen und Unterdrückten ihr Recht!« Psalm 82,3

Dienstag
Himmlischer Vater, steh den Menschen bei, die unter ihrer Regierung zu leiden haben.

Mittwoch
Bewege die Herzen der Politiker, dass sie die Menschen in ihrem Land gut behandeln.

Ganz verschieden und doch gemeinsam: Multikulti pur!

Wochenaktion:
Gehe doch mal an deinen Kleiderschrank und sortiere alle Klamotten aus, die du nicht mehr anziehst. Diejenigen, die noch in gutem Zustand sind, kannst du vielleicht an bedürftige Menschen spenden.

wohnen manchmal rund 20 Leute aus 10 verschiedenen Ländern bei uns! Wir bieten unseren Gästen Möglichkeiten zum Gespräch sowie eine wöchentliche Andacht an. Doch wir helfen ihnen auch bei den Behördengängen und beim Einleben in Kanada.« »Das ist ja echt toll! Aber warum macht ihr das?« »Nun ja, einerseits, weil es so unglaublich viele Flüchtlinge gibt, die auf Hilfe angewiesen sind. Andrerseits, weil wir in der Bibel aufgefordert werden, unseren Nächsten zu lieben und uns um die notleidenden Menschen zu kümmern. Durch das Adamhouse möchten wir Jesu Liebe für die Menschen erlebbar machen.«

Freitag
Hilf den Flüchtlingen, in ihrer neuen Heimat gut Fuß zu fassen.

Donnerstag
Bitte hilf den Familien, die durch eine Flucht getrennt wurden, dass sie sich wieder finden.

»Hello, welcome to Canada!«

Lucy ist eine der Leiter des Adamhouses.

Gemeinsame Abendbeschäftigung im Adamhouse.

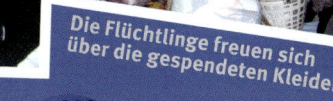

Die Flüchtlinge freuen sich über die gespendeten Kleider.

Samstag
Himmlischer Vater, ich befehle Dir die Menschen im Adamhouse an!

Sonntag
Gib mir heute eine gute Idee, wie ich in Wort und Tat Deine Liebe weitergeben kann: ...

In Toronto herrscht buntes Treiben – Menschen aus allen möglichen Ländern, mit verschiedenen Haut- und Haarfarben sind hier zwischen Bussen, U-Bahnen, Straßenbahnen und 20-stöckigen Hochhäusern unterwegs.

ECUADOR

Die Zeit in Kanada verging wie im Flug und nun sitzt du im Flieger Richtung Ecuador. Mitten durch dieses Land verläuft die **gewaltige Gebirgskette der Anden und der Äquator,** der dem Land seinen Namen gab. Der höchste Berg ist der Chimborazo mit 6 310 m. Westlich der Anden liegt das fruchtbare Tiefland, östlich der Anden der Regenwald/Dschungel des Amazonasbeckens. Außerdem gehören auch die Galapagos-Inseln zu Ecuador, auf denen es ganz viele außergewöhnliche Tiere und Vögel gibt.

Die **Hauptstadt Quito** liegt auf einer Höhe von 2.850 m. An die trockene, dünne Höhenluft muss sich der Körper erst ge-

Ein Blick über Quito – die Stadt wurde am Nikolaustag 1534 gegründet.

wöhnen. Durch den fehlenden Luftdruck braucht Flüssigkeit in diesen Höhenlagen mehr Raum, was dazu führt, dass zum Beispiel die Zahnpasta aufquillt oder der Treibstoff bei den Autos nicht richtig verbrennt. Deshalb ziehen vor allem die LKWs und Busse stinkende, schwarze Abgaswolken nach sich.

Hierzulande leben Indianer, Halbindianer (Mestizen), dun-

kelhäutige und hellhäutige Menschen bunt gemischt zusammen. Gesprochen werden, neben der Amtssprache Spanisch, auch die Sprachen Quechua und Shuar, sowie andere Indianersprachen. Die Leute sind überwiegend katholisch. Deshalb bekommt man auch oft Marienstatuen zu Gesicht.

Endlich landet dein Flugzeug am Flughafen in Quito. Am Ausgang steht ein freundlich lächelnder Missionar, um dich in Empfang zu nehmen:

»Hola, bienvenidos! Ich bin Kevin. Schön, dass du da bist! Aber lass uns gleich zum Auto gehen und behalte dein Gepäck im Auge. Die Leute in diesem Land sind nicht reich und so kommt es öfters mal vor, dass sie reiche Ausländer bestehlen.«

»Aber ich bin doch gar nicht reich!« »Nun ja, im Vergleich zu den Menschen hier bist du sehr reich! Hast du nicht ein eigenes Zimmer, viele Spielsa-

Dienstag
Bitte hilf, dass die versch denen Ecuado ner friedlich u liebevoll mite ander leber können.

Mittwoch
Danke, dass wir leckere Bananen, schö Blumen und a dere gute Sach aus Ecuador genießen können.

Montag
Himmlischer Vater, danke für die gigantischen Berge in Ecuador.

Wochenaktion:
Wie wäre es, wenn du diese Woche auf Süßigkeiten verzichten würdest? Das gesparte Geld könntest du ja für die Kinder in Ecuador spenden! Vielleicht käme ja sogar eine Patenschaft in Frage?! Informationen dazu gibt es auf Seite 138.

chen, saubere Kleider, tolle Stifte und Hefte, jeden Tag genug zu essen? Kannst du eine Schule besuchen? Das ist für dich vielleicht normal, aber hier wären sehr viele Kinder froh, wenn sie es so gut hätten wie du!«

»Aber da muss man doch etwas dagegen tun!« »Ja, das haben wir auch gedacht und deshalb Patenschaften eingerichtet. Man kann Pate von einem ecuadorianischen Kind werden und ihm durch einen Beitrag, die Chance geben in die Schule zu gehen.«

»Warum gehen die Kinder nicht zur Schule?« »Weil manche Familien so arm sind, dass sie weder die Schuluniform, noch Hefte oder Bücher für ihre Kinder bezahlen können.«

»Das heißt, die Kinder dürfen den ganzen Tag spielen?« Kevin lacht: »Nein, nein. Sie müssen zu Hause ihren Familien helfen. Manche werden sogar auf Plantagen ge-

Freitag
Bitte hilf dem Land Ecuador, dass es den Menschen besser geht.

Samstag
Vergib mir, dass ich manchmal gar nicht dankbar und zufrieden bin mit dem, was ich habe.

Sonntag
Himmlischer Vater danke, dass ich in die Schule gehen kann. Danke, dass ich jeden Tag zu essen habe. Danke für...

»Hola, bienvenidos!«

Missionar Kevin und seine Frau Kathy heißen dich willkommen.

Donnerstag
Lieber Vater, es macht mich traurig, dass manche Kinder nicht die Chance haben, eine Schule zu besuchen.

schickt, um dort Geld zu verdienen, damit ihre Familie überleben kann.«

»Das ist doch nicht fair!« Kevin sagt betroffen: »Das Schlimme dabei ist, dass Leute ohne Schulabschluss auch keine gute Arbeitsstelle bekommen und somit arm bleiben werden. Die **Patenschaften** sind ein Versuch, diesen Teufelskreis zu beenden und den Familien eine bessere Zukunft zu ermöglichen.«

Auf dem Markt werden Rosen in allen Farben und Formen verkauft – und alles, was das Schwein hergibt.

Ecuador verdient vor allem Geld, indem es Öl, Bananen, Kaffee, Garnelen, Kakao, Schnittblumen und Fische ans Ausland verkauft. Schau doch das nächste Mal auf das Etikett, wenn du eine Banane isst –vielleicht wurde sie auch in Ecuador angebaut?!

ECUADOR

Die Awa leben im Dschungel. Die verbrannten Teile des Dschungels nutzen sie als Feld.

Kevins Haus in Rio Verde

Plötzlich sagt Kevin: »Na, hast du Lust, echte Indianer zu treffen?« »Ja, klar!« »Dann nichts wie los!« **Ihr fahrt zu der Missionsstation nach Lita.**
Als du aus dem Auto steigst, merkst du, wie heiß es hier ist.
Kevin lächelt und sagt: »Ganz schöne Temperaturunterschiede, nicht wahr? Oben in den Höhen ist es immer wie im Frühling, doch je tiefer man in die Ebene kommt, umso heißer und schwüler wird es. Das ist das Tolle an Ecuador, man hat die schneebedeckten Berge und kühlen Höhen, aber auch die tropische Hitze, den Dschungel und das Meer.«
In der Missionsstation treffen wir einheimische Mitarbeiter, die uns mit erfrischenden Getränken und Empanadas (Teigtaschen) willkommen heißen.

Kevin erklärt: »Wir arbeiten schon viele Jahre unter den **Awa-Indianern**. Die Awa-Indianer leben sehr zurückgezogen und kommen nur am Wochenende vom Dschungel in die Stadt, um zum Beispiel Mais zu verkaufen und alles Nötige einzukaufen. Da ihr Haus mehrere Stunden Fußmarsch entfernt ist, haben sie die Möglichkeit, hier in der Missionsstation zu übernachten. Wir bieten dann auch Andachten und Gottesdienste an, damit sie von Jesus hören können.
Die Sprache der Awa heißt Awapit und ist sehr schwer zu lernen. Seit 2001 gibt es das Neue Testament in ihrer Sprache. Was denkst du, wie viele Jahre die Übersetzungsarbeit gedauert hat? 35 Jahre!« »Was? So lange?« »Ja, da die Awa ein schüchternes, zurückgezogenes Volk

Empanada
Teigtaschen

Zutaten für den Teig:
1 Tasse Mehl
¼ Tasse Margarine
¼ Tasse Wasser
¼ TL Salz

Zutaten für die Füllung:
1 rohes Ei
4 EL geriebener Käse
1 EL Zucker
½ TL Zimt
Öl zum Frittieren

Zubereitung:
Knete aus den Teigzutaten einen geschmeidigen Teig und lasse ihn etwa 15 Minuten ruhen.
Mische die Zutaten für die Füllung.
Nun forme aus etwas Teig runde flache Plätzchen. Häufe etwas von der Füllung in die Mitte und klappe das Plätzchen zu einem Halbkreis zusammen. Ränder gut andrücken und in der Fritteuse goldbraun backen.

Kevins »Waschmaschine« – alles per Hand!

Matratzenlieferung für die Gäste der Missionsstation Lita

Die Awa sind eher schüchtern.

Wochenaktion:
Bereite Empanadas (Teigtaschen) zu und erfreue Menschen in deinem Umfeld damit!

sind, dauerte es fünf Jahre, bis ein Awa erste Worte mit einem Missionar wechselte. Inzwischen wurde das Neue Testament in Awapit als Hörbuch aufgenommen, damit die vielen Awa, die nicht lesen können, trotzdem die Möglichkeit haben, Gottes Wort zu hören. Es liegt uns sehr viel daran, dass die Awa erfahren, wie sehr Gott sie liebt!«

»Ich will ja nicht neugierig sein, aber wo wohnst denn du, Kevin?«

»Früher habe ich mit meiner Familie hier in der Missionsstation gewohnt. Doch dann merkten wir, dass wir noch näher bei den Awa wohnen sollten. So bauten wir in Rio Verde, mitten im Dschungel, ein Haus. Es war sehr beschwerlich, da man dort nur zu Fuß hinkommt und es weder Strom noch fließendes Wasser gibt. Aber die Awa haben uns sehr geholfen. So leben wir nun dort und können unseren Alltag mit unseren Awa-Freunden teilen. Es ist echt schön, dass sich unsere Freundschaften vertiefen und wir ihnen noch mehr von Jesus erzählen können.«

Mittwoch
Danke, dass
u den Missi-
aren bei der
ibeläberset-
ng so viel Ge-
ld geschenkt
hast.

Donnerstag
Es ist wunderbar, dass die Awa die Bibel in ihrer Sprache lesen oder hören können.

Freitag
Danke, dass Du durch Dein Wort Menschen zum Guten veränderst.

Samstag
»Ich freue mich über Dein Wort wie jemand, der einen wertvollen Schatz findet.« (Psalm 119,162)

Sonntag
Heute bete ich besonders für die Missionarsfamilien, die ich kenne. Bitte hilf ...

Das Awa-Ehepaar schleppte die Früchte aus dem Dschungel nach Lita, um sie zu verkaufen.

Wenn man keinen Strom hat, erzeugt man ihn normalerweise mit Generatoren oder Solarpanelen. Doch manchmal muss man sich auch was einfallen lassen – eine Kreissäge mit Motorradantrieb!

27

Auf der Heimfahrt erzählt dir Kevin von Missionar Jim Elliot und seiner Frau und welch großen Einsatz sie brachten, um den Indianern von Gott zu erzählen:

»Fünf Missionare – **Pete Flemming, Roger Youderian, Ed McCully, Nate Saint und Jim Elliot** – sie waren jung, sie hatten Familie und sie hatten ein Ziel: sie wollten dem Indianerstamm der Huaorani von Gott erzählen. Dieser Stamm war für seine Brutalität bekannt. Deshalb nannten die anderen Indianerstämme diesen Stamm Auca – das bedeutet »die Wilden«. Die Huaorani hausten in den Tiefen des Amazonas-Dschungels und töteten jeden Fremden, der ihnen zu nahe kam. Monatelang planten die jungen Männer die »Operation Auca«. Nate Saint war Missionspilot und setzte sich samt Propellermaschine dafür ein, diesen unerreichten Stamm ausfindig zu machen. Die Freude war groß, als die Missionare tatsächlich eine Huaorani-Siedlung fanden. Doch was nun? Die Missionare versuchten ab Herbst 1955 in regelmäßigen Abständen über die Indianersiedlung zu fliegen und über Gesten wie Geschenke ihre friedliche Absicht aus der Luft zu bekunden.

Nach vier Monaten wollten die Missionare es wagen, ihren Fuß in das Gebiet der Huaorani zu setzen. Am 3. Januar 1956 landete das gelbe Flugzeug mit den fünf Missionaren an Bord auf einer Sandbank des Curaray-Flusses. Diesen schmalen Sandstreifen nannten sie »Palm-Beach«. Über Funkverbindung berichtete Nate seiner Frau über diese freudige Neuigkeit. Nun galt es, auf die erste Begegnung mit den Mitgliedern des Huaorani Stammes zu hoffen. Während der ersten Tage flogen Nate und Jim immer wieder zu der Siedlung aus Grashütten. Sie versuchten durch Winken und Rufe per Megafon die Indianer nach Palm Beach einzuladen.

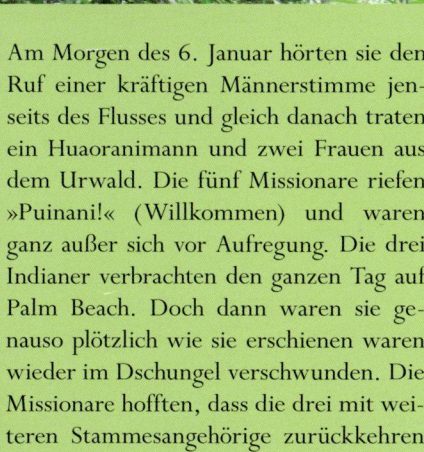

Am Morgen des 6. Januar hörten sie den Ruf einer kräftigen Männerstimme jenseits des Flusses und gleich danach traten ein Huaoranimann und zwei Frauen aus dem Urwald. Die fünf Missionare riefen »Puinani!« (Willkommen) und waren ganz außer sich vor Aufregung. Die drei Indianer verbrachten den ganzen Tag auf Palm Beach. Doch dann waren sie genauso plötzlich wie sie erschienen waren wieder im Dschungel verschwunden. Die Missionare hofften, dass die drei mit weiteren Stammesangehörige zurückkehren würden.

Tatsächlich kamen am späten Nachmittag des 8. Januar weitere Huaorani Indianer nach Palm Beach. Allerdings nicht in friedlicher Absicht. Eine Lüge des Huaoranimannes hatte es geschafft, die Stammesführer gegen die Missionare aufzuhetzen. So überfielen sie die Missionare und brachten sie mit ihren Speeren um. Vergeblich warteten die Missionarsfrauen auf den versprochenen Funkspruch, den Nate für den Nachmittag angekündigt hatte.

Als sich eine Rettungsmannschaft auf den Weg machte, um die Missionare zu suchen, fand man die Leichen der Missionare im Flussbett.

Doch dies war nicht das Ende, sondern erst der Anfang. Später kehrten die Frau von Jim und die Schwester von Nate in den Huaorani Stamm zurück, um mit den Mördern des Mannes/Bruders zu leben. Anstatt Rache und Hass erlebten die Indianer zum ersten Mal Versöhnung und Liebe. Dies führte dazu, dass die Huaorani den wahren Gott kennen lernten und ihr Leben seiner Führung anvertrauten.

Jim Elliot sagte: »Der ist kein Dummkopf, der hingibt, was er nicht behalten kann, auf dass er gewinne, was er nicht verlieren kann.« Durch die Hingabe der Leben der Missionare gewannen die Huaorani ein neues Leben mit Gott. Was für eine bewegende Geschichte!

ARGENTINIEN

Die Gaucho (Cowboys) stellen ihre Reitkunst unter Beweis.

Entlang der Anden geht es nun weiter südlich nach Argentinien. Seinen Namen hat das Land von den spanischen Eroberern bekommen, die dort Silber (lateinisch argentum) vermuteten. Doch in Wirklichkeit ist nicht Silber, sondern eher Erdöl, Erdgas und die Rinderzucht der Schatz Argentiniens.

Die meisten Einwohner von Argentinien sind europäischer Abstammung (z.B. aus Spanien, Italien und Deutschland) und römisch-katholischen Glaubens. Die Amtssprache ist Spanisch. Ein Drittel der Argentinier leben in der Provinz Buenos Aires, die nach der Hauptstadt des Landes benannt ist – der Rest des Landes ist eher dünn besiedelt.

In diesem langgezogenen Land ist fast jede Klimazone vertreten - im Norden beginnt es tropisch warm und wird dann immer kühler, je südlicher man kommt. Dadurch ist es von den Pflanzen und Tieren her sehr abwechslungsreich:

Im tropischen Norden kann man Affen, Jaguars, Schlangen und auch Piranhas antreffen. **Im Meer** sieht man Orca-Wale, Glattwale und Delfine, während die **Pampa** (grasbewachsene Ebene) die Heimat für Gürteltiere, Maras, Nandus und verschiedene Greifvögel ist.

In den kargen Gebieten der **Anden** le-

Montag

Danke für die atemberaubende Berglandschaft von Argentinien!

Dienstag

Himmlischer Vater, danke für die (Boden-) Schätze, die Du Argentinien gegeben hast!

In Argentinien gibt es einige Berge, die höher als 6 000 m hoch sind.

Mittwoch

Ich bewundere, dass a richtigen Or zur richtige Zeit, das rich Klima herrsch lässt.

»Buenos Dias!«

In weiten Teilen Argentiniens leben nur wenige Leute. Die Natur und die Tiere haben deshalb umso mehr Platz.

Wochenaktion:
Informiere Dich über die verschiedenen Tiere, die es in Argentinien gibt und male sie ab! Vielleicht freuen sich Deine Eltern oder Freunde über so ein Bild?!

ben wilde Lamas, sowie Andenkondore und in **Patagonien und dem Feuerland** Pumas, Guanakos und der Pudú (ein kleiner Hirsch der südlichen Anden). An den patagonischen Küsten gibt es Magellanpinguine, Südamerikanische Seebären sowie auch Mähnenrobben. Flamingos begegnet man in weiten Teilen Argentiniens. Unglaublich, wie viele unterschiedliche Tiere man antreffen kann, oder?!

Deine Reise führt dich nach Patagonien, in den Süden Argentiniens. In Buenos Aires musstest du deinen Anschlussflug erwischen. Gott sei Dank hat es gerade noch so geklappt. Plötzlich hörst du einen Mann sagen: »Buenos Dias! Schön, dass du diesen weiten Weg auf dich genommen hast! Ich bin Pedro und das ist meine Frau Vivina.« Du freust dich: »Super! Ich freu mich, dass ich endlich da bin!«

»Nun ja, fast! Nach Trevelin, zu unserem Reha-Zentrum ›El Retorno‹, sind es noch mal dreieinhalb Stunden Autofahrt.« »El... was?« »El Retorno, das bedeutet Rückkehr oder Umkehr. Wir arbeiten mit alkoholabhängigen Menschen und ihren Familien, damit sie von der Sucht loskommen.« »Und wie geht das...« Pedro lächelt: »Wir beantworten dir gerne alle Fragen, aber lass uns erst mal zum Auto gehen.«

Freitag
Es macht mich traurig, dass ich oft Dinge mache, die falsch sind. Bitte vergib mir meine Schuld!

Donnerstag
Lieber Vater, s ist unglaublich, wie viele terschiedliche ere in Argentinien leben.

Samstag
Danke für das Reha-Zentrum »El Retorno«, wo den Menschen geholfen wird!

Das Rehazentrum »El Retorno«

Sonntag
Wir sind viel unterwegs, da kann viel passieren. Ich bitte Dich besonders für den Schutz meiner Familie und Freunde!

Argentinien hat gigantisch hohe Berge, wie die beiden höchsten Vulkane der Welt, der Ojos del Salado (6.880m) und der Monte Pissis (6.795m). Doch der Berg Aconcagua (6962m) überragt sie alle. Außerdem kann man auch die Wasserfälle von Iguazú bewundern, die zu den größten der Erde zählen.

ARGENTINIEN

Schlichtes Landleben in Patagonien.

»Ihr helft Alkoholabhängigen? Gibt es hier denn so viele?« Pedro antwortet: »Ja. Hier in der Region gibt es nur einen einzigen Industriebetrieb, der Arbeit bietet. Einfach viel zu wenig und so sind über die Hälfte der Leute arbeitslos. Das ist eine große Not! Ohne Arbeit verdienen sie kein Geld, und ohne Geld können sie ihre Familien nicht ernähren. **Diese Hoffnungslosigkeit »ertränken« viele mit Alkohol.**
Fast jeder Bewohner der Region hat in irgendeiner Form mit der Alkoholabhängigkeit zu tun: entweder dass ist er selbst vom Alkohol abhängig ist oder er hat Süchtige in der Familie, Nachbarschaft oder im Freundeskreis. Das Suchtproblem verbreitet sich wie ein Lauffeuer. Die meisten wissen nicht, wie sie sich dagegen wehren oder wie sie Betroffenen helfen können. Weißt du, was das bedeutet?« »Hm... nein, nicht wirklich.«

Mittwoch
Stärke die Kinder, die unter ihren ständig betrunkenen Eltern leiden.

zeichnung: Hanna Epting

»Am besten, ich erzähl dir die Geschichte von Victor«, wirft Vivina ein. »Victor wuchs als drittes von zwölf Kindern auf. Die Familie lebte so gut es ging von einigen Rindern, Schafen und Hühnern. Schon als Junge fühlte sich Victor für seine Eltern verantwortlich, denn sie waren beide Alkoholiker. Oft »sammelte« er nach der Schule die betrunkene Mutter an der Straßenecke auf und brachte sie nach Hause. Nicht selten musste er auch Prügel von seinem Vater einstecken.
Eines Tages wurde es Victor zu viel. Er ergriff die Flucht und wollte bei einem Onkel in der Stadt ein neues Leben beginnen.
Als ihn jedoch nach neun Monaten die Nachricht erreichte, dass sein Vater Selbstmord begangen hatte, brach für Victor eine Welt zusammen. Er gab sich die Schuld am Tod seines Vaters und wusste keinen anderen Ausweg, als mit Alkohol den Schmerz zu betäuben. Danach folgten 20 Jahre der Abhängigkeit. Victor kam ohne Alkohol einfach nicht mehr klar. Dabei wollte er doch nie so enden wie seine Eltern.

Montag
Es macht mich traurig, dass so viele Menschen in Argentinien keine Perspektive haben.

Dienstag
Lieber Vater, bitte hilf, dass es mehr Arbeit und eine bessere Zukunft für die Menschen gibt.

Weite Teile Patagoniens sind eher trocken und karg bewachsen.

Der Alkohol zerstört das Leben der Menschen.

El Retorno ist eine Oase der Hilfe in der Region

Wochenaktion:
Biete deinen Eltern und Nachbarn an, dass du für sie die Pfandflaschen im Laden abgeben würdest, wenn du dafür das Pfandgeld an »El Retorno« spenden darfst (siehe Seite 136).

Ende 2004 machte sich Victor wieder auf den Weg, um ein neues Leben zu beginnen. Er kam in die Beratungsstelle von »El Retorno« und wurde in unser Programm aufgenommen. Mit Gottes Hilfe konnte er nach 17 Monaten, vom Alkohol befreit, entlassen werden. Ich erinnere mich noch gut, wie seine Tochter unter Tränen erzählte, dass sie ihren Vater eigentlich nur als Trinker auf der Straße kannte. Nie hatte sie eine Beziehung zu ihm aufbauen können. Und doch betete sie seit zwei Jahren täglich: »Jesus, mach meinen Papa gesund!«

Inzwischen ist Victor eine große Hilfe für andere Alkoholkranke, die auch ins Leben zurückkehren möchten. Er hilft ehrenamtlich in der Selbsthilfegruppe und auch bei Hausbesuchen mit.« »Das ist ja unglaublich! Wie habt ihr das nur geschafft?« »Letztendlich sind es nicht WIR. Es ist Jesus. Natürlich geben wir jegliche Hilfestellung, die die Suchtkranken und ihre Familien brauchen. Aber nur Jesus kann Menschen eine Rückkehr ermöglichen, sie verändern und ihrem Leben einen Sinn geben!«

Donnerstag
Danke, himmlischer Vater, für das Reha-Zentrum »El Retorno«.

Freitag
Gib den Mitarbeitern von El Retorno viel Weisheit, um den Hilfesuchenden das Richtige geben zu können.

Victor

Sonntag
Ich bitte Dich für die Menschen in meinem Umfeld, die mit einer Sucht zu tun haben …

Samstag
Vielen Dank, dass Du Victor von der Sucht befreit hast. Es ist super, dass er nun auch für andere eine Hilfe sein kann.

Mit »El Retorno« beginnt eine breit gefächerte Suchtarbeit in der Region Esquel. Beratungsstellen, Selbsthilfegruppen, Hilfen für Familienangehörige und schließlich auch eine Tagesklinik für suchtkranke Menschen nehmen ihre Arbeit auf. Es ist im Umkreis von 300 Kilometern die einzige Möglichkeit, wo professionelle Hilfe angeboten wird.

AFRIKA

Der Norden Afrikas unterscheidet sich durch seine Bewohner und Landschaft deutlich von dem Rest dieses Kontinents.

Nun beginnt die Reise zum zweitgrößten Kontinent der Welt. Mit einer Fläche von 30,3 Millionen km² ist Afrika ungefähr dreimal so groß wie Europa und wird unterteilt in **Nordafrika,** wo überwiegend Araber und Berber wohnen, und **Schwarzafrika** mit der größtenteils dunkelhäutigen Bevölkerung. Diese beiden Gebiete werden durch die Sahara voneinander getrennt.

Die **Wüste**, die man sogar aus dem Weltall erkennt, ist mit 9 000 000 km² (etwa 26 mal so groß wie Deutschland) die größte Trockenwüste der Welt.

Die Sahara besteht nur zu einem kleinen Teil aus einer Sandwüste. Weite Teile findet man als Stein- und Felswüste mit bis zu 3000 m hohen Bergen oder Kies-/Geröllwüste vor.

Krass sind auch die Temperaturunterschiede. Während es tagsüber bis zu 58°C haben kann, sinken manchmal die Temperaturen in der Nacht auf 28°C. Im Winter kann es sogar bis zu -10° kalt werden!

Das Bezeichnende der »Wüste« ist nicht die Hitze, sondern die Trockenheit. Hier regnet es in manchen Jahren keinen einzigen Tropfen. Trotzdem gibt es mitten in der braunen Wüstenlandschaft immer wieder erfrischende grüne »Inseln« (Oasen). Sie bieten den Menschen, Tieren und Pflanzen, die unter diesen Extrembedingungen leben, Wasser und Lebensraum. Es gibt kleine **Oasen**, die aussehen wie Teiche, um die paar Pflanzen wachsen.

Montag
Vielen Dank für die Vielfalt an Wüsten, Oasen und Savannen. Ich staune über Dein Werk!

Dienstag
Himmlischer Vater, danke für Afrika und die Menschen, die dort leben!

Mittwoch
Ich staune über die »Weltrekorde der Natur«, die Afrika hat.

»Wüstenschiffe« (Kamele) bringen ihre Passagiere sicher durch das trockene Sandmeer hindurch.

Nur wo Wasser ist, können Pflanzen wachsen.

Wochenaktion:
Lade Freunde zu einer Afrika-Schoko-Party ein. Achte beim Schokoladenkauf darauf, dass diese auch wirklich aus afrikanischen Kakaobohnen zubereitet ist!

Es gibt aber auch unglaublich große Oasen. Die längste Oase ist sogar über 1000 km lang und befindet sich längs entlang des Nilufers. Der Nil - na, erinnerst du dich? Das ist der Fluss, in dem Mose als Baby ausgesetzt wurde. Der Nil entspringt in den Bergen von Ruanda und Burundi und durchquert auf seinem 6671km langen Weg zum Mittelmeer die Sahara.

Afrika besteht aber nicht nur aus Wüsten. Es gibt auch **Savannen**, wo man auf tollen Safari-Touren die überwältigende Natur bewundern kann. Dieser vielfältige Kontinent hat sogar richtige **tropische Regenwälder** zu bieten. Deshalb bauen die Menschen dort Kaffee, Erdnüsse, Kakao, Hirse, Baumwolle, Palmöl und Kautschuk an. Die Erträge werden dann an andere Länder verkauft. Zum Beispiel liefern die Afrikaner die meisten Kakaobohnen weltweit.

Freitag
Danke, für den Regen, der für die Tiere, Pflanzen und Menschen lebenswichtig ist.

Samstag
Himmlischer Vater, danke für den Nil, der das Land so fruchtbar macht.

Sonntag
Du hast uns mit einem fruchtbaren Land beschenkt! Ich danke Dir für ...

...er Vater, ...per, dass ...itten in ...Wüsten ...Oasen ...gibt.

Kaffee wird in Plantagen angebaut.

Wenn die Bohnen rot sind, werden sie geerntet.

Mose wurde als Baby in diesen Fluss ausgesetzt.

Der Nil galt bislang als längster Fluss der Erde. Jedoch ist sein südamerikanischer Konkurrent, der Amazonas, je nach Messung 6400 oder 6800km lang. Wer da wohl recht hat?

35

AFRIKA

Hast du einen Schatz? Das ist etwas Tolles! **Auch Afrika hat kostbare Schätze,** die sich unter der Erde verbergen. In Südafrika gibt es zum Beispiel das größte Gold- und Diamantenvorkommen der Welt und auch sonst findet man wertvolle Metalle, Erdöl und Erdgas! Doch wo es Schätze gibt, findet man auch Leute, die versuchen, an diesen Schatz ranzukommen...

Im 19. Jahrhundert fand eine Art Wettstreit unter den europäischen Ländern statt. Jedes Land wollte das Größte, Reichste und Mächtigste sein. Um zu gewinnen, eigneten sich die europäischen Großmächte weltweit mehrere Kolonien an. Das bedeutet, sie übernahmen Gebiete oder ganze Länder, die ihnen unterlegen waren und behaupteten, dass sie ihnen gehören.

In diesem Wettstreit fiel der Blick der Europäer auf Afrika, das mit vielen Bodenschätzen gesegnet und noch unabhän-gig war. So war plötzlich Afrika der begehrteste Kontinent.

Damit es aber nicht zu schlimmen Kriegen führt, legten die Kolonialmächte 1884/85 in Berlin ihre »Spielregeln« fest und teilten Afrika untereinander auf. Früher befanden sich also »Bundesländer« von Deutschland in Afrika. Dort mussten zum Beispiel die Menschen dann Deutsch lernen und das machen, was die deut-

Montag
Himmlischer Vater, es ist einfach schrecklich, wenn Menschen so habgierig sind.

Dienstag
Bitte vergib, was Europa damals den Afrikanern angetan hat!

Mittwoch
Bitte hilf uns Mensch Deine gute Anweisung und Gebote befolgen

»Du sollst den Herrn, deinen Gott, lieben von ganzem Herzen, mit ganzer Hingabe, mit all deiner Kraft und mit deinem ganzen Verstand. Und auch deinen Mitmenschen sollst du so lieben wie dich selbst.«
(Lukas 10,27)

Donnerstag

Hilf mir, dass ich nicht rücksichtslos mit anderen Menschen umgehe.

Wochenaktion:
Lerne den Bibelvers Lukas 10,27 auswendig und denke darüber nach, was er bedeutet. Wenn du nicht weiter weißt, frag einfach jemanden, der sich in der Bibel auskennt.

In der Kupfermine wird der wertvolle Rohstoff abgebaut.

Mit den Folgen der Kolonialzeit haben die Afrikaner auch heute noch zu kämpfen.

ten Weltkrieg aufgelöst und in die Unabhängigkeit entlassen. Allerdings hat diese Zeit der Besetzung schwerwiegende Folgen hinterlassen, unter denen Afrika heute noch leidet. Zum Beispiel wurden in der Kolonialzeit beim Festsetzen der **Grenzen** die bereits existierenden Stammesgrenzen nicht beachtet. So kam es dazu, dass Stämme, die verfeindet waren, auf einmal im gleichen Land zusammenleben mussten. Auch nach der Unabhängigkeit, blieben die Ländergrenzen erhalten. Dies führt bis heute zu schlimmem Machtkämpfen und Bürgerkriege.

sche Regierung wollte. Die Bodenschätze gehörten natürlich auch den Kolonialherren und wurden deshalb abgebaut und nach Europa gebracht. Gott sei Dank wurden die Kolonien nach dem zwei-

Samstag

Liebender Vater, hilf uns, dass wir fair, respekt- und liebevoll miteinander umgehen.

Sonntag

Heute bete ich für die Länder, in denen Krieg herrscht: ...

Freitag

Schenke Frieden unter den verschiedenen Stämmen in Afrika.

Das deutsche Reiterdenkmal in Namibia zeugt von der deutschen Kolonialzeit.

Afrika wurde 1884/85 unter folgenden europäischen Kolonialmächte aufgeteilt: Spanien, Italien, Frankreich, Deutschland, Großbritannien, Portugal und Belgien.

AFRIKA

Vielfalt im Baustil

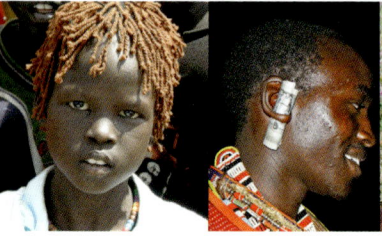
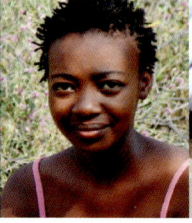

Afrika hat eine unglaubliche Vielfalt an Stämmen, Traditionen und Sprachen. Sicher hast du auch schon von einigen gehört, zum Beispiel von den Tuaregs, die als Nomaden durch die Wüste ziehen oder von den **Mbuti-Pygmäen,** die im Durchschnitt mit einer Körpergröße von 1,37m die kleinsten Menschen der Welt sind.

Oder vielleicht kennst du die zwei Meter großen **Watutsis,** die wiederum die größten Menschen der Welt sind oder die Massai, deren Krieger im Spring-Tanz ihre Stärke beweisen, indem sie auf der Stelle so oft und so hoch wie möglich springen. Echt schade, dass uns die Zeit auf unserer Reise nicht ausreicht, um all diese Stämme genauer kennen zu lernen.

Die einzelnen **Völker** haben meist ihre eigene Sprache, ihre typische Kleidung, Schmuck oder Bemalung und ihre eigene Art zu leben.

Auf dem Kontinent werden über 2000 verschiedene **Sprachen** gesprochen. Einige der wichtigsten afrikanischen Sprachen sind Swahili, Hausa und Fulbe. Die ehemaligen Kolonialsprachen Englisch, Französisch, Portugiesisch, Spanisch, Italienisch, Deutsch und Niederländisch(Afrikaans) werden vielerorts noch heute gesprochen.

Die Häuser/Hütten der Stämme bestehen oft aus Lehm oder Gras. Je nach Gegend sehen sie jedoch ganz unterschiedlich aus. In den Dörfern kommt man ohne Strom und fließendes Wasser aus. Die Mädchen und Frauen holen das Wasser aus naheliegenden Brunnen

Montag
Vielen Dank für die Vielfalt auf unserer Erde! Es ist wirklich faszinierend, andere Länder und Lebensweisen kennen zu lernen.

Dienstag
Schenke mir Liebe für die Menschen, die anders aussehen oder sich anders benehmen als ich.

Mittwoch
Lieber Vater, es ist so klasse, dass Du uns Fantasie gegeben hast, damit wir gute Ideen bekommen.

Farbenprächtige Gewänder und kunstvolle Kopfbedeckungen gehören zur Mode Afrikas.

Wochenaktion:
Probier mit deinen Freunden euren eigenen Stamm zu erfinden!
1. Denkt euch einen Stammesnamen und ein markantes Outfit (Kleidung, Schmuck, Bemalung) aus.
2. Baut euch eure eigene Hütte.
3. Bastelt aus Müll eure eigenen Instrumente und Spielzeuge. Viel Spaß!

oder Gewässern und tragen die schweren Behälter auf dem Kopf nach Hause! Kannst du dir das vorstellen?

Die Afrikaner sind außerdem sehr begabte Leute. Hast du schon einmal **afrikanische Schnitzereien** gesehen? Es ist einfach unglaublich, wie geschickt die Afrikaner aus wenig Material wunderschöne Dinge herstellen können.

Sie schnitzen, töpfern, färben und verwandeln selbst Müll zu wunderbaren Kunstwerken. Da kann man nur staunen!

Doch nun fehlt noch eines der wichtigsten Merkmale für die Afrikaner: die **Musik**! Oft singt ein einzelner Vorsänger den Text vor, den anschließend alle anderen mehrstimmig wiederholen – so braucht man nicht einmal Liederbücher. Das Ganze wird von Trommeln begleitet und das bringt jeden in Schwung. Übrigens war es auch die Musik, die den Afrikanern geholfen hat, ganz schlimme Zeiten zu überstehen. Davon erfährst du nächste Woche mehr.

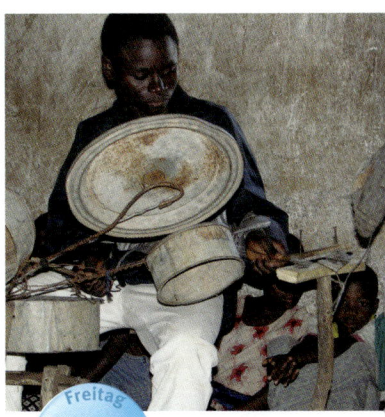

Donnerstag
Schenke uns Offenheit und Bereitschaft voneinander zu lernen.

Freitag
Kreativer Gott, danke für die Musik

Samstag
Wie toll, dass es so viele verschiedene Instrumente gibt, mit denen wir Musik machen können.

Sonntag
Himmlischer Vater, heute möchte ich Dich mit Liedern loben!

Not macht erfinderisch! Da afrikanische Kinder oft kein Geld haben, um sich einen richtigen Fußball zu kaufen, schnüren sie einfach Plastiktüten zusammen und spielen damit.

AFRIKA

Weißt du, was ein Sklave ist? Es ist ein Mensch, der wie ein Gegenstand behandelt wird - den man kaufen kann, um ihn dann für die Arbeit einzusetzen. Die Sklaven waren für ihre Besitzer nichts anderes als ein Werkzeug, genauso wie ein Hammer oder ein Besen. Dementsprechend schlecht wurden sie auch behandelt. Sie waren nicht frei, bekamen kein Geld und mussten von morgens bis abends schuften. Furchtbar, nicht wahr?!
Sklaven gab es in Afrika schon sehr früh.

Vor 5000 Jahren war Ägypten eine der ersten Hochkulturen in der Menschheitsgeschichte. Während die Menschen in Europa noch ein sehr einfaches Leben führten, hatten die Ägypter bereits Straßen, Städte und eine hohe Bildung. Man sagt sogar, dass die Ägypter die erste Schriftsprache erfunden hätten. Außerdem erstellten sie gigantische Bauwerke wie die Pyramiden oder den Leuchtturm von Alexandria, die bis heute als **Weltwunder** gelten. Dazu brauchten sie jedoch viele Arbeiter. Und weißt du woher sie diese bekamen? Sie machten Ausländer zu Sklaven, wie zum Beispiel die Israeliten. Das kannst du in 2. Mose 6-14 nachlesen.

Mittwoch
Bitte hilf, dass der Sklavenhandel wirklich überall abgeschafft wird.

Donnerstag
Du hast jeden Menschen perfekt und gleich wertvoll gemacht.

Montag
Himmlischer Vater, wie grausam können wir Menschen doch zu anderen sein!

Schwere Sachen tragen die Afrikaner auf dem Kopf.

Dienstag
Wie schlimm, wenn Leute andere verachten und über sie verfügen wollen. Bewahre mich davor!

Die Herstellung von Lehmziegeln ist eine harte Arbeit!

Wochenaktion:
Kennst du ein Kind, dass von anderen immer geärgert wird? Lass dir etwas einfallen, um ihm deine Wertschätzung zu zeigen und es zu ermutigen!

Der größte und grausamste **Sklavenhandel** in der Geschichte wurde mit den Afrikanern getrieben. Als die Europäer Amerika eroberten, brauchten sie kräftige Männer, die das Land aufbauen sollten. Dafür holten sie sich Sklaven aus Afrika. Deshalb gibt es bis heute viele dunkelhäutige Menschen in Amerika.

In dieser schlimmen Zeit, in der die Afrikaner als Sklaven auf den Plantagen schuften mussten, dichteten sie Lieder. Diese ermutigten sie. Man nennt solche Lieder Gospels. Sie handeln oft von der Befreiung, die Gott schenken wird. Diese

Frauen beim Wasser holen am Brunnen.

Hoffnung wurde mittlerweile Wirklichkeit. Der Sklavenhandel ist offiziell weltweit abgeschafft. Leider gibt es jedoch immer noch unzählige Sklaven auf der Welt.

Samstag
Bitte gib mir den Mut, gegen Ungerechtigkeit in meinem Umfeld vorzugehen.

Freitag
Lieber Vater, hilf mir, die anderen mit Deinen Augen zu sehen und sie nicht zu verurteilen.

Sonntag
Ich bete für die Menschen, die von anderen geärgert, verachtet oder misshandelt werden: ...

Weißt du, warum die Menschen in Afrika eine dunklere Haut haben als wir Europäer? Ganz einfach, Gott hat ihnen einen super Sonnenschutz gegeben, den man bei der starken Sonneneinstrahlung wirklich nötig hat. Aber manche Leute bilden sich ein, dass Menschen mit dunkler Haut weniger wert seien als Menschen mit hellerer Haut. Auch heute noch werden in vielen Ländern Dunkelhäutige schlechter behandelt als Hellhäutige. Das ist nicht richtig.

41

DAVID LIVINGSTONE

Die westlichen Welt brachte viel Unheil nach Afrika. Doch es gab und gibt auch viele Amerikaner und Europäer, die sich mit ihrem ganzen Leben für die Afrikaner einsetzen. Einer davon war David Livingstone.

Der 1813 geborene Schotte reiste nach seinem Medizinstudium als Missionar nach Südafrika aus.

Die meisten Europäer hielten sich nur an den Küsten auf, aber er sagte sich: »Ich möchte da hin, wo noch kein anderer Weißer war.«

So machte es sich Livingstone zur Aufgabe, viele Forschungs- und Entdeckungsreisen quer durch den großen Kontinent durchzuführen.

Dabei baute er in den Dörfern, die einverstanden waren, Missionsstationen auf, damit andere Missionare dort ihre Arbeit beginnen konnten.

Der sprachbegabte Livingstone lernte viele Dialekte und Gebräuche der Einheimischen, wurde ihr Freund und half ihnen, wo er konnte. Zum Beispiel hörte er, dass sich ein Löwe in der Nähe eines Dorfes rumtreiben und die Kühe fressen würde. So ging Livingstone mit seinen Freunden auf die Jagd. Der heftige Kampf, in dem er und seine Freunde schwer verwundet wurden, ging für den wilden Löwen tödlich aus. Danach lebten die Dorfbewohner wieder in Sicherheit. Ein anderes Mal befreite er seine neuen einheimischen Freunde aus der Hand von Sklavenhändlern.

Auf den Reisen entdeckte und erschloss er viele neue Orte,

Flüsse und auch die berühmten Viktoriawasserfälle.

Einige Jahre war er sogar verschollen, sodass ein Suchtrupp losgeschickt wurde, um ihn zu finden. Als man ihn schwerkrank auffand, legte man ihm nahe, nach Schottland zurückzukehren.

Doch Livingstone sagte: »Nein, mein Herz gehört Afrika. Ich liebe diese Menschen hier.«

Nach seinem Tod 1873 begruben seine treuen afrikanischen Freunde sein Herz (das ja Afrika gehörte) unter einem Baum. Dort steht mittlerweile das Livingstone-Denkmal.

Den restlichen Leichnam balsamierten sie ein und sein engster Freund Chuma begleitete ihn nach England.

Auch heute noch genießt Livingstone bei den Afrikanern ein hohes Ansehen.

BURUNDI

Auf der Jagd nach Fischen auf dem Tangajikasee.

Nach einem langen Flug kommst du in **Bujumbura, der Hauptstadt von Burundi,** an. Missionar Helge holt dich am Flughafen ab. Die feucht-warme Luft und markante Gerüche umgeben dich. Nun bist du tatsächlich in Afrika.

Während der Autofahrt erzählt dir Helge etwas über das Land: »Burundi ist ein fruchtbares kleines Land, das wegen seiner vielen Hügel auch die ›Schweiz Afrikas‹ genannt wird.

Früher war Burundi eine deutsche Kolonie und wurde dann später von Belgien übernommen. Deshalb wird auch heute noch viel Französisch gesprochen. Doch die eigentliche Landessprache ist Kirundi.

Burundi liegt am **Tanganjikasee**. Der See ist über 600 km lang und über 1400 m tief und damit der zweit tiefste See der Welt. Obwohl Burundi sehr dicht bevölkert ist, gibt es noch Leoparden, Affen, Büffel, Antilopen, Krokodile und Nilpferde.«

Helge erzählt weiter: »Burundi ist eines der kleinsten Länder Afrikas und die Hälfte aller Burundier sind Kinder unter 16 Jahren. Die meisten Einwohner gehören zu den Hutu und eine Minderheit zu den Tutsi. Eigentlich haben diese Bevölkerungsgruppen viele Gemeinsamkeiten: gleiche Sprache, gleiche Sitten, die meisten sind Christen. Das sind die besten Voraussetzungen, friedlich zusammen zu leben.

Aber seit Burundi 1961 unabhängig wurde, gab es Streit, wer das Sagen im Land hat – Hutu oder Tutsi. Dadurch gab es immer wieder Unruhen, Kämpfe und 11 Jahre lang einen richtigen Bürgerkrieg, der viele Opfer forderte und das Land zerstörte. In diesen blutigen Auseinandersetzungen kämpften sogar Kinder. Viele Menschen verließen ihre Heimat und flohen, um ihr Leben zu retten.«

Dienstag
Wie schön, dass es so viele Tiere in Burundi gibt.

Mittwoch
Herr, hilf uns, unseren Mitmenschen rücksichtsvoll und mit Liebe zu begegnen.

Donnerstag
Danke für den Waffenstillstand in Burundi.

Montag
Himmlischer Vater, danke für die »Schweiz Afrikas«.

Der Markt zieht täglich viele Menschen an. Neben Kaufen oder Verkaufen, trifft man sich, um Neuigk

Der Bürgerkrieg hinterließ auch bei den Kindern deutliche Spuren.

Arbeit auf der Teeplantage

Wochenaktion:
Die Aktion »Rote Hand« ermahnt Politiker, dass sie sich für die Rechte der Kinder einsetzen und dafür sorgen, dass Kinder unter 18 Jahren nicht in Kriegshandlungen eingebunden werden. Wie geht das? Schreibe deinen Namen, deinen Ort und deine Botschaft an die Politiker auf ein Blatt und drücke dann deinen roten Handabdruck als Bestätigung drauf. Am besten du schlägst diese Aktion auch in deiner Schule, Gemeinde oder Jungschar vor. Die gesammelten Abdrücke werden dann den Politikern überreicht oder zugeschickt. Nähere Infos bekommst du im Internet: www.aktion-rote-hand.de

Freitag
Tröste die Menschen in ihren tiefen Verletzungen, die sie durch den Bürgerkrieg erlitten haben.

Wusstest du, dass der 12. Februar der internationale Tag gegen Einsatz von Kindersoldaten ist?

Etwas traurig fügt Helge noch dazu: »Burundi ist dadurch noch ärmer geworden. Es gibt kaum Bodenschätze. Der Erlös aus dem Verkauf von Kaffee und Tee wurde eher für Waffen und das Militär ausgegeben als für die Bevölkerung. So blieb für die wichtigen Dinge wie Schule oder Krankenhäuser und Medizin fast kein Geld mehr übrig. Gott sei Dank wurde 2006 endlich ein Waffenstillstandsvertrag unterschrieben. Wir hoffen und beten, dass dieser auch eingehalten wird.«

Samstag
Lieber Vater, erhalte den Frieden!

Sonntag
Bitte hilf den Kindern und Jugendlichen, die wie Soldaten gekämpft haben, dass sie ein sinnvolles Leben führen können!

tauschen.

BURUNDI

Fast die Hälfte der burundischen Bevölkerung ist jünger als 15 Jahre alt.

Dich beschäftigt eine Frage: »Helge, wie kannst du in so einem Land leben, in dem so viel Schlimmes passiert? Kann man denn überhaupt etwas dagegen machen?« »Unser Team versucht den Menschen zu helfen, indem wir keine Unterschiede zwischen Hutu und Tutsi machen. Wir versuchen allen freundlich zu begegnen. Alle Burundier haben Schweres durchmachen müssen. Manchen wurde Hab und Gut geplündert und verbrannt. Andere mussten miterleben, wie Verwandte ermordet wurden. Dass man da eine Wut auf die Täter hat, ist verständlich.

Aber Burundi hat nur dann eine Zukunft, wenn sich die beiden Volksgruppen versöhnen. Jesus hat uns gelehrt, dass wir unsere Feinde lieben sollen und er gibt uns die Kraft dazu. In den Witwengruppen der Gemeinden treffen sich re-gelmäßig Hutu- und Tutsi-Frauen, deren Männer im Krieg umgekommen sind. Diese Frauen treffen sich, um gemeinsam Gott zu loben und zu beten. Es ist wirklich ein Geschenk, dass so etwas möglich ist!«

Helge macht eine kurze Pause, dann berichtet er weiter: »Viele burundische Mädchen konnten während der Kriegszeit nicht zur Schule gehen. Sie konnten keinen Beruf erlernen. Mit unserer Kirche zusammen leiten wir ein kleines **Ausbildungszentrum**, in dem junge Frauen zusammen backen lernen und sich währenddessen von ihren Alltagser-

Montag
Danke für die Treffen der Witwen, dass sie zusammen beten und singen können.

Mittwoch
Nimm den Hutu und Tutsi die Wut, damit Versöhnung stattfinden kann!

Dienstag
Tröste die Leute, die Freunde und Verwandte, ihren Besitz oder alles im Krieg verloren haben.

Hutu- und Tutsi-Frauen treffen sich, um gemeinsam Gott zu loben.

Wochenaktion:
Plane eine Afrika-Party, lade Gäste ein und bitte sie, anstatt Geschenken eine Spende für Burundi mitzubringen. Tipps für so eine Party bekommst du auf Seite 138.

lebnissen erzählen, singen und fürein-ander beten.

Darüber hinaus helfen wir bei der medizinischen Versorgung durch eine **Klinik**, die von Spenden finanziert wird. Dort werden kranke Menschen versorgt und Verwundete behandelt. Die Pfleger und Krankenschwestern geben hilfreiche Tipps für den Alltag weiter.«

»Da habt ihr ja einiges zu tun!«

»Ja, das stimmt, aber es gäbe noch viel mehr zu tun! Wir sehen täglich, wie die Menschen in Not sind und oft keine Hoffnung mehr haben, dass ihr Leben noch irgendwann besser wird. Das gilt auch für die Straßenkinder, die durch den Krieg oder Krankheiten ihre Eltern und ihr Zuhause verloren haben. Sie le-

Freitag
Danke für die Menschen, die sich freiwillig für die Bevölkerung in Burundi einsetzen.

Das Straßenkinderprojekt bietet Kindern eine Hilfe aus dem Teufelskreis.

ben auf der Straße und ›verdienen‹ ihren Lebensunterhalt durch Betteln oder Klauen. Solche Kinder haben kaum eine Chance, ohne Hilfe aus diesem Teufelskreis herauszukommen. Deshalb haben wir mit einem Straßenkinderprojekt begonnen, das Kindern und Familien in Schwierigkeiten eine Hilfe anbietet.«

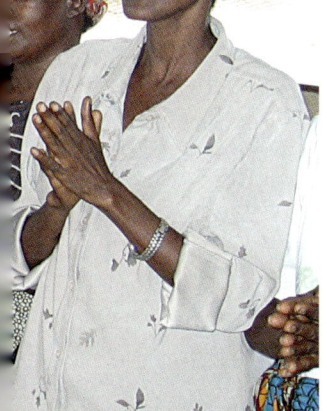

Donnerstag
Vielen Dank, für das Ausbildungszentrum für die jungen Frauen!

Samstag
Guter Gott, bitte ermögliche den Straßenkindern ein besseres Leben!

Sonntag
Himmlischer Vater, bitte gib mir Liebe für folgende Leute, die ich nicht leiden kann: ...

In Burundi gibt es nur einen Arzt für 30 000 Einwohner. In Deutschland müssen sich dagegen nur 280 Leute einen Arzt »teilen«.

DEMOKRATISCHE REPUBLIK KONGO

Von Burundi aus geht die Reise weiter in die Demokratische Republik Kongo (DRK). Bis 1971 war der drittgrößte Staat Afrikas noch unter dem Namen Zaire bekannt. Man sollte ihn nicht mit der im Westen angrenzenden Republik Kongo verwechseln.

In nur 41 Minuten landest du auf dem Flughafen von Bunia. Während du aus dem Flugzeug steigst, läufst du gegen eine Wand von feuchtheißer Luft. Das Land, das vom Äquator durchzogen wird, zeichnet sich durch seine **Regenwälder** aus.

Missionar Kurt begrüßt dich: »Bonjour!« Du wunderst dich: »Bonjour? Das ist doch Französisch! Ich dachte, wir sind hier in Afrika!«

Martin antwortet: »Ja, aber die **Amtssprache** hier ist Französisch, weil dieses Land bis 1960 eine belgische Kolonie war. Aber du hast recht, es werden hier auch noch andere Sprachen gesprochen – um genau zu sein, es gibt 200 Volksgruppen und 214 Sprachen und Dialekte in dieser Republik. Nun lass uns aber losfahren!«

Auf dem Weg erklärt dir Kurt noch so einiges über die DRK:

»Dieses Land ist eines der ärmsten Länder auf der ganzen Welt. Eigentlich müsste das nicht sein, denn hier gibt es **viele Bodenschätze** wie Kupfer, Erdgas oder Gold. Doch die ausbeutende Kolonialzeit, die 32jährige eiserne Herrschaft vom Präsidenten sowie der blutige Bürgerkrieg (1997 – 2002) schadeten der DRK.

So kam das Land bis heute ›nicht auf die Beine‹. Es mangelt an allen Ecken und Enden: Krankenhäuser, Schulen, Arbeitsplätze und so weiter. Die Be-

völkerung in diesem Land wächst sehr schnell. Jede Frau bekommt im Durchschnitt sechs Kinder. Von denen sterben jedoch viele, bevor sie erwachsen werden. Etwa die Hälfte der Bevölkerung ist unter 15 Jahre alt. Somit ist die DRK das Land mit der jüngsten Bevölkerung der Welt. Das bringt einige Probleme mit sich.«

Montag
Himmlischer Vater, vielen Dank für das Friedensabkommen in der DRK.

Dienstag
Bitte hilf, dass die Rebellen im Land nicht weiteren Schaden anrichten.

Mittwoch
Ich bitte Dic dass Du di junge Bevö kerung de Landes stär und ihner hilfst.

Über den Radio-Tower werden die christlichen Botschaften in alle Teile des Landes gesendet.

Wochenaktion:

Der Strom für viele Radiostationen wird mit Generatoren erzeugt. Diese werden mit Diesel betrieben. Biete deiner Nachbarschaft an, Autos zu waschen und sammle Spendengelder für den Treibstoff, den man in den Radiostationen braucht, um Gottes Botschaft unterbrochen senden zu können. Nähere Informationen findest du auf Seite 136.

In diesem Augenblick erreicht ihr euer Ziel und dein Blick fällt auf den hohen Turm, der im Garten steht. »Das ist der **Radio-Tower**«, erklärt Kurt, »von hier aus senden wir täglich christliche Programme, die den Menschen in ihrem Alltag Hoffnung und neuen Mut schenken sollen. Die Radiosendungen kann man, im Gegensatz zum Fernsehen oder Internet, überall im Land empfangen. Da wir in verschiedenen lokalen Sprachen Gottes Wort senden, stößt es auf eine breite Zuhörerschaft. Mit der **Radioarbeit** begannen wir schon bevor der Bürgerkrieg hier ausbrach. Wie durch ein Wunder wurde unsere Station von den Rebellen geschützt. So konnten wir auch während des Krieges durch unsere Sendungen den Menschen in ihre verzweifelnden Situationen hinein Trost spenden. Wir möchten auch weiterhin der Bevölkerung dieses Landes die gute Nachricht Gottes weitergeben. Gerade weil sie so viel Schlimmes durchmachen muss, brauchen sie eine neue Sicht und Kraft für den Alltag, die nur Gott geben kann.«

Donnerstag
Hilf den Politikern, dass sie die Zukunft dieses Landes zum Guten verändern.

Freitag
Danke für die Missionare und Helfer, die mitanpacken, um den Menschen eine bessere Zukunft zu geben.

Samstag
Danke, dass durch die Radioarbeit selbst in den Kriegszeiten die Menschen von Dir hören konnten.

Sonntag
Ich bitte Dich für gute Sendungen und ideenreiche Mitarbeiter der christlichen Radiostationen!

Die Demokratische Republik Kongo hat ihren Namen von dem gleichnamigen Fluss Kongo. Dieser ist nach dem Nil der zweitlängste afrikanische Fluss und ist ein Segen für die Menschen und die Tier- sowie Pflanzenwelt.

MALAWI

Im Flugzeug zu deinem nächsten Reiseziel Malawi blätterst du in einem Reiseführer. In Malawi wird Chichewa gesprochen. Englisch ist zwar offiziell die Amtssprache, aber man kommt in den ländlichen Gegenden nicht so gut damit durch.

So übst du schon einmal ein bisschen Chichewa:	
muli bwandschi	wie geht es dir?
Zikomo	Danke
ee	ja
iyai	nein
madzi	Wasser
ndili ndi njala	ich habe Hunger

Ganz schön schwierig. Doch genau dies ist die erste Aufgabe für Missionare, die neu in ein Land kommen. Sie lernen Sprache und Kultur. Dazu braucht man viel Geduld. Da es in Malawi keine Sprachschulen gibt, geht man zu Privatlehrern. Klarer Vorteil, wenn man ein Sprachgenie ist, wie es David Livingstone (Seite 42/43) war. Übrigens, genau dieser Livingstone hat 1859 den großen Malawisee entdeckt und die Gegend als erster Europäer erkundet.

Die Malawier trocknen die kleinen Fische aus dem Malawisee und knuspern sie mit »Haut und Haaren«.

Montag
Himmlischer Vater, danke für die Möglichkeit, in verschiedene Länder reisen zu können.

Dienstag
Hilf den Missionaren beim Lernen der schwierigen Sprachen.

Mittwoch
Danke für den Malawisee, der dem Land Fische und Wasser spendet!

Donnerstag

Lieber Vater, wie toll hast Du die Tiere geschaffen!

Wochenaktion:
Bereite ein paar Wurstbrote oder Äpfel vor und gehe in eine Stadt. Wenn dir ein bedürftiger Mensch oder Bettler begegnet, biete ihm einfach etwas zu essen an.

Der Malawisee ist etwas ganz besonderes. Denn unter seiner Oberfläche befindet sich der weltberühmte Unterwasser-Nationalpark.

Außer Fischen trifft man in den malawischen Nationalparks auch Elefanten, Nashörner, Giraffen, Zebras, Affen, Antilopen, Flusspferde, Schlangen, Hyänen und Krokodile an. Die typischen Baobabbäume (Buyubaum), dürfen natürlich auch nicht fehlen.

Doch Malawi hat auch seine Schattenseite. Es gehört zu den ärmsten Ländern der Welt, sodass die Hälfte der 14 Millionen Einwohner unter der Armutsgrenze lebt. Sie müssen durchschnittlich mit weniger als 80 Cent pro Tag auskommen – das ist für uns Europäer unvorstellbar, nicht wahr?!

Die Menschen leben vor allem von der Landwirtschaft (Maisanbau) und dem Verkauf von Tabak, Tee und Rohrzucker an andere Länder. Doch wenn es, wie im Jahr 2002 oder 2005, nicht genügend regnet, wächst nichts auf den Feldern und es kommt zu einer schlimmen Hungersnot.

Deshalb beten die Menschen dort, die überwiegend Christen sind, ganz besonders für Regen und eine gute Ernte.

Mit voll beladenem Fahrrad geht es den Berg hinauf.

Gegrillte Fledermäuse am Spieß – eine ganz besondere Köstlichkeit!

Die Straßenschilder in Malawi sind oft durchlöchert, damit sie nicht von den Leuten mitgenommen werden, die daraus Töpfe herstellen.

Freitag

...ass doch ...te in Mala... ...den nötigen gen fallen, mit es eine ute Ernte gibt.

Samstag

Es macht mich traurig, dass so viele Menschen Hunger leiden müssen.

Sonntag

Gütiger Gott, bitte zeig mir, wie ich notleidenden Menschen helfen kann.

MALAWI

Nach dem Landen in der Hauptstadt Lilongwe wendest du gleich dein neu gelerntes Chichewa an: »Muli bwandschi!« Joachim antwortet beeindruckt: »Ndili bwino, kaya inu!« und schaut dich erwartungsvoll an. Du überlegst: »Ähm..., ich weiß nicht weiter.« Joachim lacht: »Du hast gesagt: ›Hallo, wie geht es dir‹ und ich habe geantwortet: ›Es geht mir gut, und wie geht es dir?‹ Nun fehlt noch dein ›ndili bwino‹, das heißt: Mir geht es gut.« »Puh, ist das schwer.« Dann schaut er dich ermutigend an: »Aber das hast du schon super gemacht!«

Vor dir liegt nun eine mehrstündige Fahrt, teilweise über holprige, ungeteerte Straßen. Dir fallen sofort all die **Fußgänger** entlang der Straße auf: »Ist heute ein großes Fußballspiel oder wo gehen die Leute alle hin?« Joachim antwortet: »Nein, es ist ein ganz normaler Tag. Ein Auto können sich hier die wenigsten Leute leisten. Deshalb gehen sie zu Fuß.« Du staunst: »Boa, die haben ja ganz schön schweres Gepäck dabei – und die Frauen tragen es auch noch auf dem Kopf! Unglaublich!«

»Sie sind es von klein auf so gewohnt. Vor allem die Mädchen müssen im Haushalt mithelfen, ihre Geschwisterchen hüten und fest mit anpacken.«
»Woher kennst du dich denn so gut aus?«
»Ich lebe mit meiner Familie in einem Dorf namens Mbere und da kann man das alles live beobachten.«
»Und was macht ihr in diesem Dorf?« Joachim erwidert: »Wir leben als Missionarsteam in diesem Dorf und arbeiten im Chisomo-Zentrum. Dies ist eine Bibelschule, in der man nebenher eine Ausbildung zum Schreiner machen kann. Morgens haben die einheimischen Studenten theologischen Unterricht und nachmittags geht es dann

Montag
Lieber Vater, danke für die freundlichen Menschen in Malawi!

Dienstag
Bitte versorge die Leute jeden Tag mit Kraft, Essen und was sie brauchen.

Mittwoch
Danke, dass wir hier Autos und gute Straßen haben!

»Muli bwandschi!«

Die Bibelschüler spielen in ihrer Freizeit das Bohnenspiel (Bawo).

Wochenaktion:
Schlag deiner Schulklasse oder deiner Jungschar vor, leere Pfandflaschen zu sammeln, sie im Laden abzugeben und mit dem Pfandgeld die Missionare bei den Kosten der Deutschen Fernschule zu unterstützen. Nähere Informationen findest du auf Seite 136.

Donnerstag
Danke, dass im Chisomo-Zentrum Pastoren ausgebildet werden.

Freitag
Vielen Dank, dass die Missionarskinder die Möglichkeit der Deutsche Fernschule haben!

Samstag
Bitte hilf den Missionarskindern, dass sie gut lernen können.

Sonntag
Heute danke ich Dir besonders für folgende Lehrer: ...

in die Werkstatt. Das ist ganz praktisch, denn du kannst dir ja sicher vorstellen, dass die Gemeinden kein Geld haben, um einen Pastor zu bezahlen. So kann der Pastor nebenher als Schreiner arbeiten, um seine Familie zu ernähren. Wir bieten aber auch Unterricht für die Ehefrauen der Pastoren an. Leider sind die Hälfte aller Frauen in Malawi Analphabeten. Da sie keine (gute) Schulbildung bekamen, können sie weder Lesen noch Schreiben. Bei uns können sie Lesen und Schreiben lernen. Außerdem versuchen wir durch Frauenkreise, Bibelkurse oder Gespräche die Frauen zu stärken und ihnen bewusst zu machen, wie wertvoll sie sind.«
Nach einer kurzen Pause er-

Wusstest du, dass Chisomo auf Chichewa Gnade bedeutet?

klärt Joachim weiter: »Übrigens gibt es auch noch eine deutsche Schule auf unserem Gelände! Die Töchter meiner Kollegen gehen jeden Morgen in ihr Klassenzimmer und werden mit dem Material der Deutschen Fernschule unterrichtet. Es gibt Arbeitsblätter, Tests und Hausis – wie bei euch. Das ist echt toll, denn auf diese Weise müssen die Kinder nicht auf ein Internat, das weit weg ist.«

SIMBABWE

Am nächsten Morgen wartet eine Überraschung auf dich. Joachim sagt dir, dass sein Bekannter Sam zufällig an diesem Tag nach Simbabwe fährt. Er würde dich mitnehmen. Das ist klasse!

Doch bevor ihr die neunstündige Fahrt antretet, wird noch gegessen! Es gibt **Mpala**, ein weicher Brei aus Maismehl und Wasser. Nun mischst du noch Zucker, Salz oder geriebene Erdnüsse unter. Normalerweise wird hier in Afrika meistens mit den Fingern gegessen, aber du bevorzugst bei diesem Brei dann doch einen Löffel. Ausgestattet mit Wasser und Bananen brecht ihr auf.

Die Fahrt dauert sehr lange, weil man auf den holprigen Straßen nicht so schnell fahren kann.

Du fragst: »Warum ist hier denn alles so braun? Man sieht kaum grünes Gras – überall braune Erde, braune Sträucher und blätterlose Bäume.« Lächelnd erklärt dir Sam: »Wir haben gerade Trockenzeit. Bei euch in Europa gibt es ja Frühling, Sommer, Herbst und Winter, nicht wahr?« Du nickst und Sam erzählt weiter: »Hier

gibt es keine vier Jahreszeiten, sondern nur die **Trocken- oder Regenzeit**. Etwa ab November bis März regnet es so viel wie bei euch im ganzen Jahr! Dafür gibt es in den restlichen Monaten kaum Niederschlag. Jetzt sieht alles vertrocknet aus. Doch schon nach dem ersten größeren Regen verwandelt sich alles in eine blühende Landschaft. Kannst du dir das vorstellen?«

Nachdem ihr die Grenzen zu Mosambik und Simbabwe gut passiert habt, ist das Ziel in unmittelbarer Nähe. Das wird auch Zeit, denn durch die schlechten Straßen spürst du mittlerweile jeden Knochen in deinem Körper. Endlich stoppt das Auto vor einem Haus und während du langsam aussteigst und dich reckst, kommen die Missionare Silke und Joachim auf dich zu: »Hallo und Mhoroi! Schön, dass ihr da seid! Kommt doch rein und

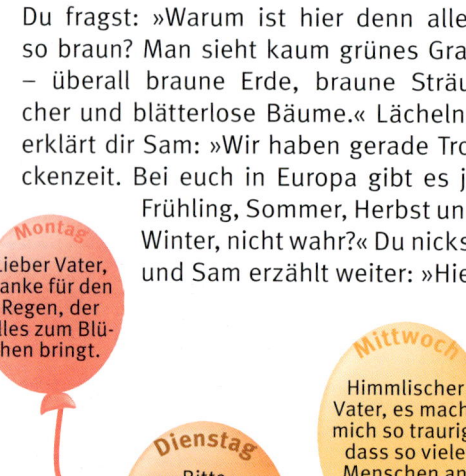

Montag
Lieber Vater, danke für den Regen, der alles zum Blühen bringt.

Dienstag
Bitte schenke in Simbabwe eine gute Ernte, damit die Menschen nicht hungern müssen.

Mittwoch
Himmlischer Vater, es macht mich so traurig, dass so viele Menschen an AIDS erkrankt sind.

**Regenzeit oder Trockenzeit –
das ist die Frage**

»Hallo und
Mhoroi!«

Wochenaktion:
Viele Leute erkranken an AIDS,
weil sie nicht genau wissen, um
was es sich dabei handelt. Informiere dich über diese Krankheit
und bekomme heraus, was man
dagegen tun kann. Wenn du
auf der Internetseite www.tivi.
de unter Suche »AIDS« eingibst,
wirst du fündig.

erfrischt euch erst mal.« Nach einer eiskalten Limonade gibt es noch eine kühlende Dusche. Das tut gut!

Als du in das Wohnzimmer kommst, hörst du Joachim und Silke mit Sam reden. Es herrscht eine bedrückte Stimmung.

»Was ist denn los?«, erkundigst du dich. Sam erzählt traurig: »Ich kam hierher um meine Schwester zu besuchen. Sie ist schwer krank.« Sam stockt und kämpft mit den Tränen. Silke fragt dich: »Hast du schon einmal etwas von AIDS gehört?«

Donnerstag
Danke für
Menschen wie
Martin und Silke.
Gib ihnen bitte
Kraft, um AIDS-
Kranke
zu trösten.

»Ja, das ist doch eine Krankheit, die man nicht heilen kann, oder?«

»Genau. **AIDS** macht unser gesamtes Immunsystem (Abwehrsystem) kaputt. Man kann jahrelang mit dem Virus (HIV) leben, ohne dass etwas passiert. Doch wenn das Virus im Körper aktiv wird und AIDS ausbricht, zerstört es unsere Abwehrkräfte. Dann kann sich der Körper selbst gegen eine Erkältung nicht mehr wehren. Oft fühlen sich AIDS Patienten müde und schwach, haben Fieber, Durchfall und keinen Appetit. Diese Krankheit fordert jedes Jahr fast 2 Millionen Tote. Simbabwe ist eines der am stärksten von AIDS betroffenen Ländern der Erde. Und genau deshalb sind wir hier.«

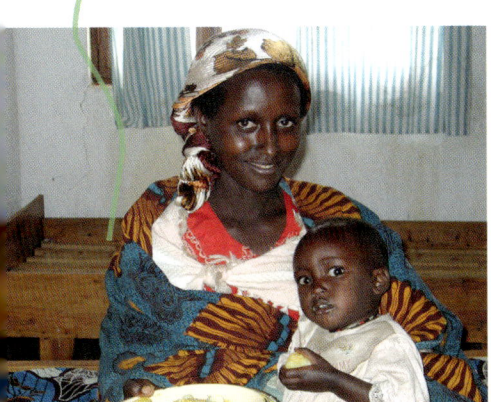

Freitag
Bitte hilf
den Betroffe-
nen und ihren
Familien mit
dieser schlim-
men Krankheit
umgehen zu
können.

Sonntag
Himmli-
scher Vater, ich
bitte Dich für die
Kinder, deren
Eltern an AIDS
gestorben sind.
Bitte tröste und
stärke sie.

Samstag
Bitte
greif ein,
damit sich
das tödliche
Virus nicht
noch mehr
verbreitet.

Simbabwe bedeutet in der Shona-Sprache »Steinhäuser«. Die Amtssprachen sind in diesem Land Englisch, Shona und Ndebele. Der Nationalfeiertag ist der 18. April, da Simbabwe 1980 an diesem Tag von Großbritannien und Nordirland unabhängig wurde.

18.
APRIL

SIMBABWE

Martin und Silke besuchen die Patienten, um sie mit dem Wort Gottes zu ermutigen.

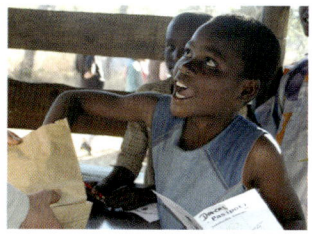

Am nächsten Tag gehst du mit Silke, Joachim und Sam in ein altes Backsteingebäude. Silke zeigt auf das Haus: »Das ist das Krankenhaus unserer Stadt. Hierher kommen Menschen aus der ganzen Region, um sich behandeln zu lassen.«

Du schaust dich um: »Puh, das sind aber viele Leute, die hier ein und aus gehen. Sind die alle krank?« »Nein, nein«, sagt Silke, »in afrikanischen Krankenhäusern müssen Angehörige ihre Patienten mit Essen, Waschen, Kleidung und sonstigem versorgen.«

Wir betreten einen langen Saal mit breiter Fensterfront. Umringt von Besuchern liegen die Patienten

Mittwoch
Tröste die AIDS-Waisen und stelle ihnen liebevoll Menschen an die Seite.

Montag
Himmlischer Vater, danke, dass es Medikamente gibt, die den AIDS-Patienten helfen.

Dienstag
Bitte hilf, dass schwangere Mütter früh genug behandelt werden und die Krankheit nicht auf ihr Baby übertragen.

dicht an dicht. Drückende Mittagshitze, jede Menge Fliegen und ein strenger Geruch erfüllt den Raum. Auf der Frauenstation sitzt eine abgemagerte Frau in ihrem Bett. Als sie Sam sieht, strahlt sie über das ganze Gesicht. »Sam, mein lieber Bruder, wie schön, dass du diesen weiten Weg auf dich genommen hast! Ich freue mich so sehr! Und du hast noch Besuch mitgebracht – wie schön! Weißt du, seit die Leute im Dorf wissen, dass ich AIDS habe, wollen sie nichts mehr mit mir zu tun haben. Danke, dass du trotzdem zu mir stehst!«

Während Sam mit seiner Schwester redet, besuchst du mit Silke und Joachim ein kleines Mädchen, es hat ein verwaschenes Kleidchen an. Sie ist allein, da ihre Eltern und Geschwister bereits an AIDS gestorben sind. Silke erzählt dir: »Es gibt so viele Patienten hier, die verzweifelt sind. AIDS ist nicht heilbar und deshalb kann man ihnen auch nicht wirklich helfen. Trotzdem kommen wir regelmäßig hier her und besuchen gemeinsam mit einheimischen Christen die AIDS-Patienten und Waisenkinder. Oft singen wir ihnen Lieder, die von der Hoffnung durch Jesus handeln oder erzählen ihnen von Gottes Liebe für sie und beten mit ihnen.«

»Aber was kann sie in so einer ausweglosen Situation

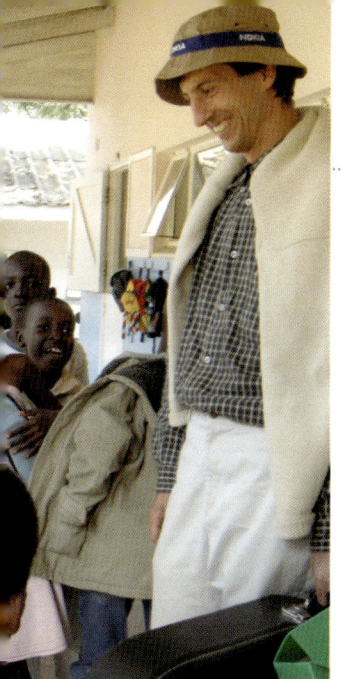

Wochenaktion:
Hast du schon einmal eine rote AIDS-Schleife gesehen (www.welt-aids-tag.de/schleifezeigen)? Durch diese zeigt man, dass einem die AIDS-Kranken und -Waisen nicht egal sind und dass man sich für sie einsetzt. Wie wäre es, wenn du rote Schleifen bastelst, diese gegen eine Spende an Leute abgibst und dieses Geld dann für die Arbeit unter AIDS-Kranken spendest? Nähere Informationen dazu findest du auf Seite 136.

Not bewegt unser Herz sehr. Deshalb arbeiten wir gemeinsam mit der einheimischen Kirche in der AIDS-Hilfe, Vorsorge und in der Aufklärung. Wir gehen zum Beispiel in Schulen und erklären mit unserer Handpuppe Tino, wie man sich vor AIDS schützen kann. Dabei gibt uns die Bibel wichtige Richtlinien. Da steht zum Beispiel drin, dass man seinem Ehepartner treu sein soll. Wenn die Leute sich daran halten würden, gäbe es viel weniger AIDS-Kranke in Simbabwe. Die Bibel beinhaltet wirklich die beste Botschaft der Welt. Wir sollten uns nur noch mehr daran halten und uns von Gott verändern lassen.«

trösten?« Silke überlegt nicht lange: »Na, die Tatsache, dass Jesus immer bei ihnen ist und nach dem Tod eine neue Welt, wo es kein Leid und keinen Tod mehr geben wird, bereithält.« Du nickst und sagst: »Doch am besten ist es immer noch, wenn man sich gar nicht erst mit dem Virus ansteckt, nicht wahr?«

»Oh ja!«, sagt Joachim, »jeder Dritte in diesem Land ist infiziert und es gibt bereits mehr als 1 Million AIDS-Waisen. Diese

Donnerstag
Danke für christliche Gruppen, die die Kranken und Waisen besuchen und ermutigen.

Freitag
Lieber Vater, begegne den verzweifelten Menschen in ihrer Not und zeig ihnen den Weg zu Dir.

Samstag
Hilf, dass durch die Aufklärungsarbeit die Verbreitung von AIDS eingedämmt werden kann.

Sonntag
Ich bete für folgende Menschen, die von anderen ausgegrenzt und schlecht behandelt werden: ...

AIDS ist ein weltweites Problem. Wie vielfältig sich Silke, Joachim und ihre Missionarskollegen einsetzen, um durch AIDS-Hilfe-Projekte die Not zu lindern, kannst du bei der Deutsche Missionsgemeinschaft erfahren (www.dmgint.de).

BOTSWANA

Von Simbabwe aus fliegst du weiter nach Johannesburg (Südafrika). Dort am Flughafen siehst du, wie eine Frau auf einer Pritsche direkt von einem kleinen Flugzeug in den Krankenwagen transportiert wird. Was ist da wohl passiert?

Behutsam näherst du dich dem Flugzeug. **Pilot Tim** erblickt dich und begrüßt dich freundlich: »Dumela.«. Du lächelst zurück: »Guten Tag! Ich wollte eigentlich nur fragen, was der Frau passiert ist, die hier vom Krankenwagen abgeholt wird.« »Na, neugierig bist du wohl gar nicht, oder?«, sagt er augenzwinkernd.

»Nun ja, sie kampierte mit ihrem Mann in einem Nationalpark und wurde morgens plötzlich von einem Elefanten überrascht. Mit seinen Stoßzähnen verletzte der Elefant die Frau schwer. Wir können Gott dankbar sein, dass sie überlebt hat.« Du wunderst dich: »Und wie hast du von dem Unfall erfahren?« Tim antwortet: »Per Funk. Ich saß gerade im Büro von **Flying Mission in Botswana,** als der Notruf kam. Mit medizinischem Personal an Bord ging es dann sofort los. Da die Verletzung so schwer ist, mussten wir sie hierher nach Johannesburg fliegen. Hier sind die Krankenhäuser einfach besser ausgestattet.«

»Das ist ja ganz schön aufregend! Bist du so etwas wie ein fliegender Krankenwagen?«

Tim grinst: »Nun ja, fast. Afrika ist sehr groß und die Strecken sehr weit. Bei den Straßenverhältnissen ist es sehr beschwerlich, sein Ziel zu erreichen. Deshalb fliegen wir Missionspiloten zum Beispiel in schwer zugängliche Gebiete, transportieren wichtige Hilfsgüter oder fungieren eben als ›fliegender Krankenwagen‹«.

»Warum macht ihr das?«

»Das ist die Art, wie wir den Menschen in Botswana und Umgebung dienen, helfen und Jesu Liebe weiterleiten wollen.«

»Aber, ist das nicht auch gefährlich?«

»Eigentlich nicht. Wir kontrollieren die Maschinen sehr genau, dass alles in Ordnung ist. Trotzdem erlebte ich auch schon Überraschungen! Als ich eines Tages mit vier Passagieren an Bord flog,

Montag
Danke, himmlischer Vater, dass es Flugzeuge gibt, die wir nutzen können!

Dienstag
Danke, für die ›fliegenden Krankenwagen‹, die helfen, Menschenleben zu retten.

Mittwoch
Wie super, dass die Hilfsgüter schnell zu den notleidenden Menschen transportiert werden können.

»Dumela«

Wochenaktion:
Nutze die Woche, um dich über die Erste-Hilfe bei Verletzten zu erkundigen. Das Berliner Jugendrotkreuz bietet dazu eine Erste-Hilfe-Fibel an (www.unfallkasse-berlin.de)

Elefanten sind mit Vorsicht zu Genießen!

Tim setzt sich mit seinem Beruf als Pilot und Flugzeugmechaniker bei Flying Mission für Gottes Sache ein.

Donnerstag
Bitte bewahre die Menschen, dass sie nicht von gefährlichen Tieren angegriffen werden.

knallte aus heiterem Himmel ein Geier in die Windschutzscheibe und landete auf meinem Schoß. Da fast die ganze Scheibe kaputt war, verloren wir an Höhe und ich musste in einem Sumpfgebiet notlanden. Als das Flugzeug das Wasser berührte, überschlug es sich und blieb auf dem Kopf liegen. Es ist allein Gottes Bewahrung zu verdanken, dass die Insassen außer kleineren Schnittwunden keine Verletzungen davontrugen. Eigentlich hätte dies tödlich enden können. Gott hat ein Wunder geschenkt! Meine Familie und ich sind unendlich dankbar dafür!«

Freitag
Danke, Herr, dass Du Tim und seine Fluggäste bei dem Geierunfall beschützt hast!

Samstag
Bitte bewahre die Missionspiloten auf der ganzen Welt auf ihren Flügen! Sei auch bei ihren Familien.

Sonntag
Himmlischer Vater, danke, dass ich Deine Bewahrung folgendermaßen erleben konnte:...

OZEANIEN

Mittwoch
Der Herr allein ist König! Die ganze Welt soll in Jubel ausbrechen, und die fernen Inseln sollen fröhlich sein! Psalm 97,1

Dienstag
Himmlischer Vater, danke für Vielfalt der originellen Lebewesen im Meer und auf den Inseln.

Donnerstag
Danke, dass Du uns mit all dem ausstattest, was wir zum Leben brauchen!

Montag
Es ist unbeschreiblich, wie kunstvoll und atemberaubend Du Ozeanien erschaffen hast!

Hast du schon einmal etwas von Ozeanien gehört? Es ist die Region unserer Erde, die mit ganz viel Meer (Ozean) und Inseln zu tun hat. Es gehören Mikronesien, Polynesien und Melanesien sowie im weiteren Sinne auch Australien dazu. Das Gebiet, auf dem sich über 7500 größere und kleinere Inseln befinden, ist 70 Millionen Quadratkilometer groß (etwa zweieinhalb mal so groß wie Afrika).

Die meisten Inseln sind durch **Vulkanausbrüche** im Meer entstanden. Man erkennt sie, weil sie bergig sind. Die flachen Inseln dagegen sind Teil eines **Korallenriffs.**

Wenn man die **Ureinwohner** der Inseln und ihre Art zu leben betrachtet, kann man feststellen, dass sie viele Gemeinsamkeiten haben. Man geht davon aus, dass die vielen Inseln ursprünglich durch die Stämme der **Maori, Polynesier** und **Aborigines** besiedelt wurden, die mit ihren kleinen Holzbooten (ausgehöhlte Baumstämme) oder Auslegerkanus vom Festland her kamen. So breiteten sie sich mit der Zeit aus, lebten lange Jahre unabhängig voneinander auf verschiedenen Inseln und entwickelten ihre eigenen Kulturen und Bräuche. Vielleicht sehen die Insulaner für dich alle gleich aus, aber wenn man genau hinschaut, kann man Unterschiede in der Hautfarbe, der Haarpracht oder Nasenformen erkennen (je nachdem woher ihre Ureinwohner kamen).

Früher hatte man in Ozeanien keine **geschriebene Sprache**. Kannst du dir das vorstellen? Kein Lesen und kein Schreiben? Der Vorteil wäre, dass man keine Klassenarbeiten schreiben müsste. Andererseits gäbe es auch keine Bücher, Zeitschriften, Briefe, E-Mails, SMS, Straßenschilder oder Gebetsbücher ..., das wäre nicht so gut, oder?

Wochenaktion:
Suche dir jemanden von deiner Klasse aus, mit dem du sonst nicht so viel zu tun hast und lade ihn/sie ins Schwimmbad ein.

Freitag
Danke, dass Du verschiedenste Sorten von leckeren Früchte wachsen lässt!

Samstag
Wie schön, dass wir eine Schriftsprache haben, die uns das Schnitzen erspart!

Sonntag
Lieber Vater, ich schreibe Dir einen Brief über alles, was ich Dir gerne sagen möchte ...

Die Ureinwohner ließen sich jedoch ganz interessante Methoden einfallen, um ihre wichtigen Inhalte festzuhalten, nämlich durch gemalte

Das geschnitzte Bild erzählt eine Geschichte.

Bilder, Schnitzereien, besonderen Körperschmuck, Körperbemalungen, Tätowierungen, Musik oder Tänze. Zum Schnitzen nutzte man lange Zeit scharfe Muscheln und Steine, womit wunderbare Meisterwerke geschaffen wurden. Auch heute noch kann man diese bewundern.

Übrigens, Mikronesien bedeutet »kleine Inseln«, Polynesien bedeutet »viele Inseln« und Melanesien »schwarze Inseln«!

OZEANIEN

Überreste vom Krieg zeugen von schlimmen Zeiten. **Die Blumen, das Obs**

und amerikanischen Großmächte. Diese waren auf alle geldbringenden Erträge wie Bodenschätze oder Plantagenanbau aus.

Später, besonders im zweiten Weltkrieg, gab es sehr blutige Kämpfe um die Inseln. Mittlerweile erinnern nur noch Denkmäler an diese schlimmen Zeiten! Gott sei es gedankt, dass inzwischen viele verschiedene Nationen in Frieden auf den Inseln zusammenwohnen.

Doch auch heute noch gibt es Gefahren, die die Inselbewohner bedrohen:

Im 16. Jahrhundert wurde die pazifische Inselwelt von den Europäern nach und nach entdeckt. Zunächst hielten die Einwohner der Inseln die Entdecker wegen ihrer hellen Hautfarbe für Götter. Doch dies ging nicht lange gut. Die Europäer hatten oftmals die Einstellung: »Was ich entdeckt habe, gehört auch mir!« So geriet Ozeanien im 19.Jahrhundert ohne große Rücksprache mit den Ureinwohner unter die Herrschaft der europäischen

Vulkaninsel auf Chuuk

1. Ozeanien ist das vulkanisch aktivste Gebiet der Erde. Das ganze ozeanische Gebiet befindet sich nämlich entlang des sogenannten »Feuerrings« (die Nahtstelle unserer Erdkruste, wo die Lava aus dem Erdinneren besonders gut austreten kann). Das bedeutet, die Wahrscheinlichkeit für Vulkanausbrüche, Erdbeben und Tsunamiwellen ist hier besonders hoch. Wenn man die wunderschöne, friedliche Inselwelt betrachtet, kann man gar nicht glauben, welche Aktivitäten sich unter dem Wasser abspielen.

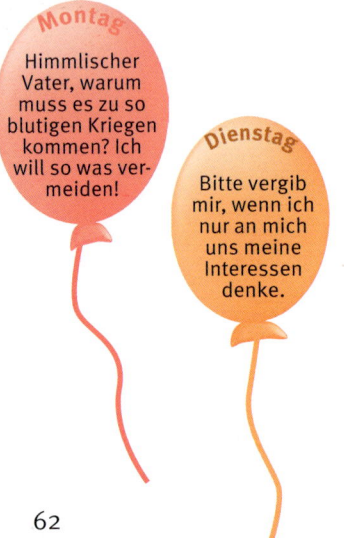

Montag
Himmlischer Vater, warum muss es zu so blutigen Kriegen kommen? Ich will so was vermeiden!

Dienstag
Bitte vergib mir, wenn ich nur an mich uns meine Interessen denke.

Mittwoch
Danke, für den äußeren Frieden, der zur Zeit auf den Inseln herrscht!

Unterwasserwelt - eine Gaumen- und Augenweide.

Wochenaktion:
Informiere dich über den Klimawandel bzw. Treibhauseffekt und wie du das Klima schützen kannst! Tipp: Auf www.wdr.de als Suchbegriff »neuneinhalb extra klima« eingeben.

2. In diesem tropisch heißen Gebiet kommt es vermehrt zu Taifunen. Ein Taifun ist ein tropischer Wirbelsturm mit ganz viel Regen und sehr starkem Wind. Wenn er über eine Insel hinwegfegt, hinterlässt er oft schlimme Verwüstungen, Verletzte oder auch Tote. Der Sturm hat solch eine Wucht, dass er Bäume ausreißt, Strommasten umknickt, Dächer wegpustet oder andere Gegenstände durch die Luft wirbelt. Deshalb ist es lebensgefährlich, wenn man sich während eines Taifuns im Freien aufhält.

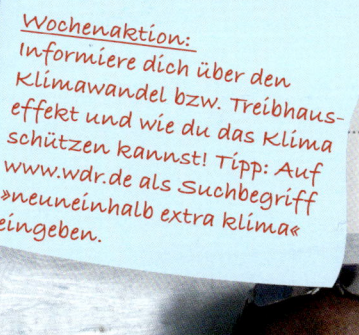

3. Die Korallen sterben ab und das Meer steigt immer weiter an. Dies sind Folgen der globalen Erwärmung auf unserer Erde, die man in Ozeanien sehr deutlich sehen kann.

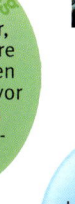

Donnerstag
Lieber Vater, bitte bewahre die Menschen in Ozeanien vor schlimmen Naturkatastrophen.

Freitag
Bitte sei bei den Hinterbliebenen, die Angehörige verloren haben!

Samstag
Gib uns offene Augen, damit wir dazu beitragen, unsere Welt zu schützen.

Sonntag
Heute sage ich Dir, was mich in der letzten Woche fast zum Explodieren gebracht hat: ...

Wusstest du, dass man den Taifun in Amerika Hurrikan und im indischen Ozean Zyklon nennt?

OZEANIEN

Der Matmat-Mann stellt einen vom Tod auferstandenen Menschen dar.

Viele Leute in Ozeanien leben in Angst. Nicht nur vor Taifunen oder gar Meeresungeheuern, sondern vor bösen Geistern. In Deutschland kennt man Geister ja fast nur von Filmen, aber für die Menschen in Ozeanien sind sie Realität. Wenn etwas Schlimmes passiert, jemand sich verletzt, krank wird oder ein Taifun alles zerstört, sagt man, dass ein böser Geist hinter diesem Unglück steckt.

Diese Vorstellung, die die Menschen in Ozeanien haben, bezeichnet man als **Animismus**. Das lateinische Wort »anima« heißt Seele oder Geist. In der animistischen Vorstellung bestehen alle Menschen, Tiere, Pflanzen und Dinge aus einem Körper und einem Geist bzw. einer Seele. Je mehr der Geist sich von seinem Körper entfernt, umso kraftloser wird dieser. Wenn also ein Messer stumpf wird, würde ein Animist sagen: »Klare Sache: Das Messer hat seinen Geist aufgegeben bzw. verloren.«

Der Geist kann unabhängig vom Körper existieren. So glaubt man in Ozeanien,

dass die Seele unsichtbar gegenwärtig bleibt, auch wenn der Körper stirbt. Viele Animisten fühlen sich von den Geistern ihrer Vorfahren beschützt. Deshalb bringen sie ihnen Opfergaben und ehren sie.

Allerdings können die Geister auch wütend werden und schlechten Einfluss auf die Lebenden nehmen. Davor fürchten sich die Menschen am meisten, denn gegen Geister kann man sich ja nicht mit Pfeil und Bogen oder anderen Waffen wehren. Die Geister sind mächtiger und vor allem unberechenbar. So vermeiden die Menschen alles, was die Geisteswesen erzürnen könnte. Gewisse Rituale und das Einhalten von strikten Regeln sollen ein gutes Miteinander von Mensch und Geister garantieren. Darüber hinaus sollen Körperbemalungen, Tätowierungen, Schnitzereien oder Amulette vor dem Zorn der Geisterwelt schützen.

Wenn trotzdem ein Unglück passiert, lautet die erste Frage: »Woran liegt es, dass die Geister wütend wurden? Wer

Mittwoch
Herr, hilf, da wir uns nich an Horoskop Maskottche oder Glücksb gern wende sondern nu an Dich!

Mittwoch
Danke, dass wir hier Autos und gute Straßen haben!

Montag
Danke, himmlischer Vater, dass es keine Macht gibt, die mächtiger ist als Du!

Dienstag
Ich weiß, dass es Dir nicht gefällt, wenn Menschen Kontakt zu Geistern aufnehmen.

Wochenaktion:
In folgenden Bibelstellen kannst du nachlesen, dass du keine Angst haben musst, weil Gott mit dir ist. Lerne eine Bibelstelle auswendig und sag sie, wenn du nächstes Mal Angst hast!
5. Mose 31,6, Josua 1,9, Jesaja 41,10, Matthäus 28,18

Samstag
Lieber Vater, danke, dass Du alles zum Guten wenden kannst!

Sonntag
Ich wende mich mit meinen Sorgen an Dich! Ich habe Angst vor ....

Freitag
Bitte befreie die Menschen von animistischen oder abergläubischen Vorstellungen.

Donnerstag
Bitte hilf den Missionaren, dass sie den Menschen die Angst vor den Geistern nehmen können.

steckt dahinter?« Vielleicht hat jemand etwas Verbotenes getan (Tabu gebrochen) oder vielleicht hat ein Feind die Geister angestiftet? Für solche Fragen werden Schamanen zu Rate gezogen. Man glaubt, dass sie besonderes Wissen haben und Kontakt zum Jenseits aufnehmen können. Diese Fähigkeit soll ihnen ermöglichen, die Geister zu befragen und herauszufinden, was die Ursache des Problems ist. Somit sind Schamanen sehr einflussreiche Personen.

Wie auch heutzutage animistische Vorstellungen den Alltag vieler Menschen prägen, erfährst du an folgendem Beispiel: Als sich der Missionar von den Dorfbewohnern verabschiedete, sagten sie ihm: »Pass auf, da vorne liegt eine tote Schlange auf dem Weg. Da darfst du auf keinen Fall drüberfahren!« Der Missionar runzelte die Stirn und fragte: »Warum denn nicht?« Die Dorfbewohner schauten auf die schwangere Missionarsfrau und sagten: »Wenn du über die Schlange fährst, wird der Geist der Schlange böse und fügt dem Baby im Bauch Schaden zu!« Die Befürchtung hat sich nicht bewahrheitet und die Missionare bekamen ein kerngesundes Baby. Aber dieses Ereignis machte deutlich, wie beängstigend und real die Geisterwelt für die einheimischen Menschen ist.

Der Animismus prägte hauptsächlich auf Inseln oder in unerschlossenen Gebieten, wo die Natur den Alltag bestimmt, das Leben der Menschen. Auch heute noch findet man die animistischen Vorstellungen in weiten Teilen Ostasiens, Südamerikas und Afrikas vor.

MIKRONESIEN

Kim und ihr Einsatzteam.

Essen ist etwas sehr Wichtig

Auf dem Weg nach Ozeanien informierst du dich über dein nächstes Ziel: Mikronesien. Dass dieses Wort kleine Inseln heißt, das weißt du ja bereits.

Plötzlich dreht sich dein Sitznachbar zu dir hin: »Sag mal, sprichst du Deutsch?« Du bist überrascht: »Ja.« Das Mädchen stellt sich vor: »Schön, ich heiße Kim! Ich bin ja schon ganz aufgeregt, denn ich werde die nächsten drei Monate in Mikronesien verbringen.« Du schaust sie fragend an: »Ach so, warum denn das?« Kim erzählt weiter: »Ich habe mein Abi hinter mir und wollte die Zeit bis zu meinem Studium Gott zur Verfügung stellen. So mache ich nun mit vier anderen Leuten einen Kurzzeiteinsatz, um die Kirchengemeinden dort zu unterstützen! Wir helfen bei Kinderbibelwochen, Freizeiten, Jugendabenden, Gottesdiensten sowie handwerklichen Angelegenheiten.«

»Das ist ja mutig! Weißt du überhaupt, was sich hinter dem Wort Mikronesien alles verbirgt?«

»Nun ja, ich habe in meiner Vorbereitungswoche so einiges gehört: **Zu Mikronesien gehören insgesamt 2141 bergige und flache Inseln.** Diese sind wiederum in acht unterschiedliche Inselgruppen zusammengefasst, zu denen auch Guam, Palau und Yap gehören. Alle Inseln zusammen haben zwar nur eine **Landfläche** von 3189 Quadratkilometer (etwa so groß **wie Luxemburg**), aber sie sind auf über sieben Millionen Quadratkilometer des Pazifischen Ozeans **verstreut (größer als die Fläche von den USA).**«

Kim weiß noch mehr: »Das ist ja schon bemerkenswert, doch die eigentlichen Weltrekorde verbergen sich in Mikronesien **unter Wasser.** Einerseits die wunderschönen, verschiedenartigen Korallen und Fische, die Taucher aus der ganzen Welt anlocken. Andererseits der gewaltige Marianengraben mit den tiefsten Meeresschluchten der Welt.«

Und weiter erzählt Kim: »Bei dem tropisch heißen Wetter (immer zwischen 24-30°C) ist man eigentlich immer mehr oder weniger am schwitzen. Doch die täglichen Regenschauer sorgen für eine Abkühlung.

Am häufigsten isst man Brotfrucht, Taro und Tapioka (Wurzelfrucht), Reis, Blattgemüse sowie Kokosnüsse. Dazu gibt es natürlich jede Menge frische Fische, Krebse, Muscheln und Schildkröten aus dem Meer. Schweine- und Hühnerfleisch sind auch sehr beliebt. Auf manchen Inseln

Montag
»O Herr, welch unermessliche Vielfalt zeigen Deine Werke! Sie alle sind Zeugen Deiner Weisheit, die ganze Erde ist voll von Deinen Geschöpfen.« (Psalm 104,24)

Dienstag
»Da ist das Meer - so unendlich groß und weit, unzählbar sind die Tiere darin, große wie kleine.« (Psalm 104,25)

Mittwoch
»Alle Deine Geschöpfe warten auf Dich, dass Du ihnen rechtzeitig zu essen gibst.« (Psalm 104, 27)

Wochenaktion:
Backe Bananenbrot für deine Verwandten und bring es ihnen vorbei!

Donnerstag

»Sie holen sich die Nahrung, die Du ihnen zuteilst. Du öffnest Deine Hand, und sie werden reichlich satt.« (Psalm 104,28)

isst man sogar Hunde, kannst du dir das vorstellen? Außerdem ist Mikronesien ein Obstparadies. Man kann fast überall Ananas, Mangos, Papayas, sowie 100 Arten von Koch- und Essbananen ernten. Mir läuft schon langsam das Wasser im Mund zusammen!!!«

»Das Essen scheint für dich sehr wichtig zu sein!«

Kim lacht: »Nicht nur für mich, sondern auch für die Mikronesier! Familie, Essen und Zeit zusammen verbringen, das gehört einfach dazu. Und dick sein ist dort ein Schönheitsideal!«

4 **reife Bananen** pürieren.
1 **Ei** darunter mischen.
½ **Tasse Zucker** und
½ **Tasse brauner Zucker** dazu und gut verrühren.
1 **Teelöffel Salz** und
3 **Teelöffel Öl** dazugeben.
2½ **Tassen Mehl** mit
3 **Teelöffel Backpulver** vermischen und
1/3 **Tasse Milch oder Buttermilch** abwechselnd dazutun und gut verrühren. In eine eingefettete Brotform geben und bei
175 °C ca. 60 bis 70 Minuten backen.

Freitag

»Doch wenn Du Dich von ihnen abwendest, ist es mit ihnen vorbei.« Psalm 104,29

Samstag

»Singen will ich für den Herrn, solange ich lebe, für meinen Gott will ich musizieren mein Leben lang.« Psalm 104,33

Sonntag

Heute möchte ich speziell für die Menschen beten, die zu wenig zu essen haben: ...

Kokosnuss raspeln

Mikronesier brauchen keine Stühle zum Sitzen.

Wusstest du, dass sich der höchste Berg der Welt in Guam befindet? Es ist der Mount Lamlam, von dem 406 m über dem Meeresspiegel liegen und 11 104 m unter dem Wasser. Das macht insgesamt eine Höhe von 11 510 m und damit ist er höher als der Mount Everest.

PALAU

»Aiiiii! Ke wangerang?«

Langsam wird es Zeit zur Landung. Du schaust aus dem Flugzeugfenster und siehst nur Meer, Meer und nochmals Meer. Doch plötzlich taucht eine Insel auf mit einem kleinen Flughafen. Nach der Landung wirst du freundlich in **Koror, der Hauptstadt von Palau**, mit einem Blumenkranz begrüßt: »Aiiiii! Ke wangerang?« (»Hallo, wie geht es dir?«). Pastor Hiob holt dich mit einem knallgelben Kindergartenbus ab. Du wolltest gerade sagen: »So ein großer Bus wäre doch nicht nötig gewesen...«, als das Kurzzeiteinsatz-Team mitsamt Koffern in den Bus einsteigt.

Pastor Hiob erklärt: »Willkommen auf Palau! Für unsere Insel gibt es Namen wie ›Paradies auf Erden‹ oder ›Land am Ende des Regenbogens‹. Doch die eigentliche Schönheit befindet sich unter Wasser: es gibt über **1 400 Fischarten** in allen erdenklichen Formen und Farben und Hunderte von verschiedenen Muschel- und Korallenarten. Außerdem liegen auf dem Meeresgrund jede Menge versunkene Schiffs- und Flugzeugwracks aus dem Zweiten Weltkrieg. Und das alles bei einer Wassertemperatur von 27°C. Kein Wunder, dass jährlich viele Touristen zum Tauchen hier her kommen.

Dann schaut er in die Runde: »Doch ihr seid aus einem anderen Grund gekommen. Ich danke euch, dass ihr uns helfen werdet, den Menschen auf Palau Gottes Wort weiterzusagen. Offiziell sind wir ein christliches Land, doch viele leben nicht nach dem, was die Bibel sagt. Danke, dass ihr bei den Jugendabenden, Gottesdiensten, Jugendfreizeiten und Kinderbibelwochen mithelft, damit immer mehr Palauer die Chance haben Gott wirklich kennen zu lernen.«

Nach einer erfrischenden Dusche, ein paar Sandwiches und eiskaltem Wasser geht es ab ins Bett. Am nächsten Morgen bringt der Bus das Team zu einer Dorfkirche. Dort ist Gras jäten, Rasen mähen und Kirchensaal putzen angesagt. Kim sagt: »Wir wollen nicht nur von Liebe reden, sondern sie den Menschen auch zeigen, indem wir ihnen tatkräftig helfen.«

Anschließend geht das Team durch das ganze Dorf und lädt die Leute zu einem besonderen Abend in der Kirche ein. Durch ein abwechslungsreiches Programm erzählt das Team den Menschen wie großartig Gott ist.

Montag
Danke für die jungen Leute, die ihr Geld, ihre Zeit und ihre Kraft investieren, um sich für Gott einzusetzen!

Dienstag
Himmel und Erde sollen ihn loben, die Meere und alles, was darin lebt! (Psalm 69,35)

Mittwoch
Hilf, das das Absterben der Korallen stoppt werden kann und die Schönheit erhalten bleibt.

Donnerstag
Lieber Vater, bitte hilf den Christen auf Palau, dass sie ihren Glauben sichtbar leben.

Freitag
Danke für die Gemeinden in Palau. Hilf den Pastoren, Deine Worte verständlich weiterzusagen.

Samstag
Himmlischer Vater, bitte schenke, dass Menschen auf der ganzen Welt Dich richtig kennen lernen!

Sonntag
Großer Gott, bitte sei bei folgenden jungen Menschen, die einen Kurzzeiteinsatz machen:...

Das deutsche Team im Einsatz auf einer Jugendfreizeit.

Im Wandprojekt wurde ein Bibelvers an der Hauptstraße auf eine Wand geschrieben.

Das traditionelle, einheimische Geld wird von den Frauen als Kette getragen. Man kann es nirgends kaufen, sondern nur geschenkt bekommen. Wenn eine Frau zur Geburt ihres ersten Babys oder zur Beerdigung ihres Mannes so eine Kette bekommt, darf sie diese nicht mehr abnehmen.

YAP

»Mogethin! Ke urgom?«

Nach einer weiteren Flugstunde landest du in **Colonia, der Hauptstadt von Yap,** und wirst von Peter auf Yapese willkommen geheißen: »Mogethin! Ke urgom? (Hallo! Wie geht es dir?)«.

Der Pickup bietet Platz für viele Mitfahrer.

Während er deinen Koffer auf die Ladefläche des Pickups verfrachtet, fällt dir ein runder Stein auf, mit einem Loch in der Mitte. Du fragst: »Was ist denn das?« Peter lächelt: »Das ist unser **Steingeld!** Wenn man ein Grundstück kauft, wird auch heute noch mit diesem Geld bezahlt. Es gibt Steingeld mit vier Metern Durchmesser! Aber die Größe ist nicht entscheidend, sondern die Geschichte des Steins. Dieses Steingeld haben unsere Vorfahren unter Lebensgefahr von Palau auf ihrem Boot bis nach Yap gebracht. In Yap gibt es nämlich keine Felsen oder so prächtige Steine. Je mehr Opfer beim Transport gebracht wurden, umso wertvoller ist der Stein.« Du überlegst kurz: »Aber im Supermarkt bezahlt ihr nicht mit Steingeld, oder?« Da lacht Peter: »Nein, nein! Sonst bekämen wir ja Rückenschmerzen! Wir bezahlen mit amerikanischen Dollar. Aber komm, steig ein, sicher bist du müde.«

Auf dem Weg zum Quartier erzählt Peter: »Dies hier ist die traditionellste Inselgruppe Mikronesiens und besteht aus 78 Inseln, von denen 22 bewohnt sind. Zu der Außeninsel, wo ich herkomme, braucht man von dieser Hauptinsel aus eine Woche mit dem Schiff.

Dienstag

Herr, Du bist mir wichtiger als alles Geld der Welt.

Mittwoch

Danke für die eleganten Manta-Rochen, die hier leben.

Montag

Allmächtiger Gott, ich danke Dir für die kleine Inselgruppe Yap.

Dieses palauische Storyboard (Geschichtentafel) berichtet über den Transport des Steingeldes von Palau nach Yap.

Auch für das Steingeld gibt es eine Bank!

Wochenaktion:
Bastle »Ich helfe gern!«-Gutscheine und verteil sie an Menschen, die du kennst. Es gibt sicher Leute, die sich sehr über deine Hilfe freuen.

Eine besondere Attraktion von Yap sind die riesigen Manta-Rochen. Mit ein bisschen Glück kann man sie beim Tauchen hautnah erleben. Doch es gibt nicht nur Schönes auf dieser Insel.

Donnerstag
Es ist so schlimm, was ein Taifun anrichten kann. Bitte bewahre Yap vor weiteren Taifunen.

Sonntag
Heute sage ich Dir, was ich letzte Woche aufbauend fand:...

Samstag
Danke, dass Du auch mir aufhilfst, wenn ich etwas Niederschmetterndes erlebt habe.

Freitag
Treuer Gott, danke dass so viele Menschen beim Wiederaufbau mitgeholfen haben!

Ich weiß es noch wie heute, als im Frühjahr 2004 der schlimme Taifun direkt über Yap hinwegfegte und fast alles zerstörte. Es war schrecklich: Dächer lagen auf der Straße, Häuser waren verwüstet, Palmen waren abgeknickt und überall lagen Gegenstände herum. Selbst unsere Kirche war nur noch ein Trümmerhaufen. Dies traf uns hart. Doch wir ließen uns nicht entmutigen. Gemeinsam packten wir die Sache an und bauten mit Hilfe vom Ausland alles wieder auf. Auch aus Deutschland kamen fleißige Bauhelfer, die unsere kaputten Gebäude wieder reparierten.«

Folgen des Taifuns

Wenn man in ein fremdes Dorf geht, sollte man sich in Yap an einige Regeln halten: 1. leise sein, 2. nicht fotografieren und 3. einen Zweig in der Hand halten (als Zeichen, dass man in friedlicher Absicht kommt).

71

YAP

Peter   **Peter im Gespräch mit Pastoren.**   **Peter wuchs auf e**

Am Abend gehst du mit Peter zu einem besonderen Treffen. »Was macht ihr hier?«.

»Wir übersetzen die Bibel zusammen!« Du wunderst dich: »Ich dachte, es gibt schon eine Yapese Bibel!« Peter nickt: »Ja, das stimmt. Doch wir von den Außeninseln sprechen kein Yapese, sondern unsere eigene Sprache. Deshalb sind wir seit vier Jahren dabei, die Bibel für unsere Leute zu übersetzen. Zurzeit sind wir am Johannes-Evangelium. Das ist gar nicht so einfach!«

Die Bibel zu übersetzen ist eine sehr schwere Aufga

»Puh, das kann ja Jahre dauern! Wie macht ihr das denn?«

»Zuerst haben wir uns Hilfe von einem professionellen Bibelübersetzer geholt, der uns schult und betreut. Pastor John übersetzt als Hausaufgabe immer einen Teil der Bibel. Dann schauen wir bei unserem Treffen seine Übersetzung gemeinsam durch und diskutieren, welche Wörter am besten das treffen, was in der Bibel steht. Schwierig wird es, wenn Wörter wie ›Schnee‹ vorkommen, die es in unserer Sprache nicht gibt. Das müssen wir dann umschreiben.«

Du denkst kurz nach: »Wirklich kniffelig! Aber warum ist diese Übersetzung dir so wichtig?«

Peters Gesicht wird ernster: »Weil ich ohne Bibel nicht hier wäre. Meine Eltern waren Christen und haben mir von klein auf von Jesus erzählt. Mich hat das jedoch nicht interessiert. Als ich älter wurde, ging ich auf die Hauptinsel und geriet an Freunde, die mich in kriminelle Aktionen verwickelten. Ich habe wirklich sehr, sehr böse Dinge getan.«

Peter bekam Tränen in die Augen. »Schließlich wurde es so schlimm, dass international, nach mir gefahndet wurde. Um dem Ganzen zu entkommen flüchtete ich mich auf unsere Außeninsel, heiratete und hatte erst mal Ruhe. Doch als unser

Montag
Himmlischer Vater, danke für die Menschen, die die Bibel übersetzen.

Dienstag
Gib den »Bibelübersetzern« viel Geduld und Weisheit und hilf ihnen bei ihrer Arbeit!

Mittwoch
Lieber Vater, ich staune darüber, wie Du Menschen verändern kannst.

ninsel auf. **Während seiner Zeit im Gefängnis schloss Peter ein Bibelschulstudium (Fernkurs) ab.**

Wochenaktion:
Die Bibel gab es sehr lange Zeit nur in aramäisch, altgriechisch oder lateinisch. Martin Luther hat unter Lebensgefahr die Bibel ins Deutsche übersetzt. Dass du heute die Bibel in Deutsch lesen kannst, ist ein kostbares Gut. Genieße es und lese diese Woche besonders fleißig darin!

Kind schwer krank wurde, mussten wir zur Behandlung nach Amerika fliegen. Ich besorgte mir unter falschem Namen einen Reisepass und flog mit meiner Frau und Tochter in die USA. Dort wurde ich jedoch schon von einem großen Aufgebot der Polizei erwartet und lebenslänglich im Hochsicherheitsgefängnis in Einzelhaft gesteckt.«

Nach einer kurzen Pause erzählt er weiter: »So einsam, verlassen und furchtbar hatte ich mich vorher noch nie in meinem Leben gefühlt. Nach einiger Zeit hörte ich auf dem Gang den Putzmann von Jesus reden und mir wurde schlagartig klar: ›Jesus – er ist mein einziger Ausweg!‹ Ich rief ihn zu mir und bat ihn, mir von Jesus zu erzählen. Dieser streckte seine Hände durch den Schlitz in der Tür, wo ich normalerweise mein Essen reingereicht bekam, nahm meine Hände in seine und betete für mich. Mir rannen die Tränen über das Gesicht. Ich bat Jesus um Vergebung für all meine Schuld und lud Jesus in mein Leben ein. Anschließend schenkte mir der Mann seine Bibel. Eifrig las und studierte ich darin.

Jesus veränderte mein ganzes Leben so sehr, dass die Wärter beeindruckt waren. Meine lebenslange Haftstrafe wurde deshalb auf drei Jahre reduziert. Es war ein Wunder! So konnte ich zu meiner Frau und Tochter nach Hause.

Nun möchte ich mein neues Leben Gott zur Verfügung stellen. Ich möchte den Menschen von Gottes Größe erzählen und mithelfen, dass sie die Bibel bald in ihrer eigenen Sprache lesen können.«

Freitag
Ich bewundere so Menschen wie den Putzmann, der Peter die Bibel gab. Gib mir solch einen Mut!

Donnerstag
Danke, dass Du uns vergibst und auch immer wieder eine neue Chance gibst.

Sonntag
Ich bete für die Leute in meiner Umgebung, die dich noch nicht kennen: ...

Samstag
Danke, Herr, dass Du selbst in ausweglosen Situationen einen Ausweg schaffen kannst.

Unter den 6,5 Milliarden Menschen dieser Erde werden rund 6900 Sprachen gesprochen. 2000 davon haben noch keine Bibelübersetzung in ihrer eigenen Sprache. Mehr Informationen gibt es beim Missionswerk Wycliff (www.wycliff.de).

73

PAPUA-NEUGUINEA

»Apinun«

Das Land birgt viele Überraschungen!

Deine nächste Station ist der zweitgrößte Inselstaat der Welt, Neuguinea. Der westliche Teil dieser Insel gehört zu Indonesien, während sich im östlichen Teil das Land **Papua-Neuguinea (PNG)** befindet.

Manus

Neu Britannien

INDONESIEN — Ambunti — Bialla — Gavuvu — Anguganak — Moropote — **Papua-Neuguinea** — Port Moresby

AUSTRALIEN

Montag
Himmlischer Vater, danke, dass man in Papua-Neuguinea das ganze Jahr über Gemüse und Obst ernten kann.

Dienstag
Danke, für die Vielfalt der Sprachen und Kulturen in PNG. Schenke ein gutes Miteinander.

Mittwoch
Hilf den Menschen, die aus dem Dorf in die Stadt gezogen sind, eine neue Heimat zu finden.

Schon vom Flugzeug erkennst du, dass sich in diesem Gebiet zwei große Flüsse (**Sepik** und **Fly**), hohe Gebirge, tiefe Täler und schwer zugängliche Dschungel (auch »Busch« genannt) befinden. Obwohl es in den niederen Regionen von PNG immer feuchtheiß ist, liegt auf dem höchsten Berg Mount Wilhelm (4509 Meter hoch) das ganze Jahr über Schnee.

Da es so viele Berge und schlecht zugängliche Regionen gibt, haben sich in PNG sehr viele Stämme unabhängig voneinander mit eigenen Sitten, Bräuchen und Sprachen entwickelt. Schätzungsweise rund **820 Sprachen** werden in PNG gesprochen. So kam es immer wieder vor,

dass sich benachbarte Stämme nicht verständigen konnten, weil sie unterschiedliche Sprachen haben.

Um die Verständigung zu ermöglichen, wurde das **Tok Pisin** als Handelssprache eingeführt. Die Sprache setzt sich aus Englisch, Melanesisch und Deutsch zusammen. Man kann sie sehr einfach lernen. Zum Beispiel »maus« kommt vom englischen »mouth« und heißt Mund. »Gras« heißt Gras oder Haare. Ein Bart ist somit ein »mausgras«. Logisch, nicht wahr?! Tok Pisin gilt neben Englisch und Motu als Landessprache. Die meisten Kinder in PNG sprechen mindestens zwei Sprachen. Sie sind richtige kleine Sprachkünstler!

Am Flughafen der Hauptstadt von PNG, **Port Moresby,** musst du in den Flieger nach **West Neu Britannien** umsteigen. Während du wartest, spricht dich eine junge Frau an: »Apinun. Na, wo kommst du denn her?« Du schaust sie an: »Von Mikronesien.« Die Frau schmunzelt: »Ach, du siehst aber nicht sehr mikronesisch aus.«

Du lächelst: »Nun ja, ich bin ja auch nur auf meiner Gebetsreise dort gewesen! Bist du von hier?« »Ich gehöre zum Arowe-Stamm von West Neu Britannien und gehe zu einem großen Familienfest nach Hause.« »West Neu Britannien? Da will ich auch hin! Aber zuerst wollte ich mir noch Port Moresby anschauen.«

»Oh, wirklich? Holt dich jemand ab?« »Nein, ich wollte zu Fuß gehen.« Jetzt schaut die Frau dich ernst an und sagt: »Das würde ich an deiner Stelle nicht tun. Es ist nicht so harmlos, wie es aussieht.

Baumbär

Wochenaktion:
Informiere dich, wie du dich verhalten sollst, wenn andere dich
zu etwas zwingen wollen oder du
angegriffen wirst. Dazu kannst du
einen Polizisten befragen. Das Com-
puterspiel »LUKA und das geheim-
nisvolle Silberpferd« gibt dir zu
diesem Thema auch wertvolle Tipps.
(luka.polizei-beratung.de)

Hohe Gebirgsketten und tiefe Täler im Hochland von Papua-Neuguinea.

Da kann es schon mal sein, dass du ausgeraubt wirst. Das große Problem ist, dass viele Menschen aus ihren Dörfern hierher ziehen, um eine Arbeit zu bekommen. Sie erhoffen sich in der Stadt Chancen auf ein besseres Leben. Doch oft enden sie ohne Job und Geld in den ›Settlements‹ (illegale Siedlungen). Vor allem Jugendliche schlagen sich mit Diebstahl oder Raubüberfällen durch und versuchen ihre schwierige Situation durch Alkohol oder Drogen zu verdrängen. Schlimm, nicht wahr?

Wie gut, dass es Christen und Missionare gibt, die sich um diese Jugendlichen kümmern und versuchen, ihnen eine neue Hoffnung zu geben. Durch kostenlose Angebote können vor allem Kinder und Jugendliche ihre Begabungen entdecken und viel Neues lernen. Einerseits bekommen sie handwerkliches und schulisches Wissen. Andrerseits erfahren sie durch das christliche Programm vom lebendigen Gott, der ihrem Leben einen echten Sinn gibt.«

Donnerstag
Herr, hilf den Politikern die Kriminalität und Probleme von PNG mit Deiner Hilfe anzugehen.

Fleißige Lerner beim Mechanikerkurs.

Ein Settlement über dem Meer von Port Moresby.

Freitag
Bitte bewahre die Kinder und Jugendlichen, dass sie nicht auf die schiefe Bahn kommen.

Sonntag
Bitte gib folgenden Leuten, die große Probleme haben, neue Hoffnung:...

Samstag
Gib auch mir die Kraft »Nein« zu sagen und mich so vor schlechten Einflüssen zu schützen.

Wusstest du, dass in PNG das Schwein nicht nur als Nahrung, sondern auch als ein Zahlungsmittel ist? Zum Beispiel wenn ein Mann heiraten möchte, muss er der Familie der Braut einen Brautpreis bezahlen. Je nach Braut muss er dann schon mal zehn bis zwanzig Schweine liefern.

75

PAPUA-NEUGUINEA

Nach einer Flugstunde kommt ihr auf der Insel West New Britain an. Die junge Frau fragt: »Möchtest du vielleicht zu unserem Dorffest mitkommen?«
»Darf ich das?«
»Ja gerne. Aber, ich muss dich warnen – mein Dorf liegt mitten im Dschungel und man kann es nur durch einen zwölfstündigen Fußmarsch erreichen. Dabei geht

unterwegs durch den Dschungel

Willkommensbüffet

es 76mal durch einen Fluss, denn es gibt leider keine Brücken. Würdest du trotzdem mitkommen? Selbstverständlich trage ich dir dein Gepäck!«
So kommt es, dass du dich mit der Frau auf den Weg machst. Es geht auf Pfaden bergauf und bergab, über große Steine, durch Matsch und Wasser – und das alles bei einem Klima wie in der Sauna! Dies bringt dich ganz schön außer Atem. Die junge Frau lächelt: »Kaum zu glauben, dass die erste Weiße, die diesen Weg gelaufen ist, eine alte Dame war. Sie hieß Helene Held und hatte mitbekommen, dass es hier im Urwald den wilden Arowe Stamm gibt, der noch nie etwas von Jesus gehört hat. Das traf sie zutiefst und sie machte sich zur Suche auf. Unsere Vorfahren waren tatsächlich sehr grausam. Die Männer hatten Totenschädel als Sitzgelegenheiten und wenn ein Mann starb, ermordete man seine Ehefrau auch noch dazu.«
Nach einer kurzen Pause erzählt sie weiter: »Zur gleichen Zeit erschien einem Stammesmitglied Jesus im Traum. Er kündigte an, dass bald eine gute Nachricht ihren Stamm erreichen würde. Als die 58jährige Helene ankam, wussten meine Vorfahren, dass diese Frau die Überbringerin einer wichtigen Botschaft war. Alle hörten genau zu, was sie von Gott erzählte. Und stell dir vor, sie kamen zum Glauben!«
»Bist du auch Christin?« Strahlend antwortet die junge Frau: »Ja, das bin ich! Und weißt du wie ich heiße? Helene – so wie unsere Missionarin, die 17 Jahre mit uns gelebt hat. Ich bin so dankbar für sie

Montag
Himmlischer Vater, danke, dass Du uns Menschen gebrauchst, um von Dir weiterzuerzählen.

Dienstag
Lobt den Herrn mit euren Liedern und erzählt allen Völkern von seinen machtvollen Taten! (Psalm 9,12)

Mittwoch
Gib mir den Mut, vor anderen Menschen zu Dir und Deinem Wort zu stehen.

Donnerstag

Lieber Vater, bewahre die Missionare, wenn sie oft tagelang in gefährlichen Gegenden unterwegs sind.

Wochenaktion:
Lerne das Lied »Dies ist der Tag, dies ist der Tag, den der Herr gemacht« in Tok Pisin (man spricht die Wörter so aus, wie man sie liest):

Dispela de, dispela de,
God i bin wokim,
God i bin wokim.
Yumi hamamas,
yumi hamamas,
God stap wantaim yumi,
God stap wantaim yumi.
Dispela de God i bin wokim,
yumi hamamas Em
stap wantaim yumi.
Dispela de, dispela
de God i bin wokim.

und all die anderen Missionare, die sich für PNG eingesetzt haben. Früher gab es hier viele gefährliche Krieger und Kannibalen (Menschenfresser)! Nun sind die meisten Neuguinesen Christen, doch leider prägen die Praktiken des Animismus (Vergeltung, Blutrache, Todeszauber, Anrufen der Ahnengeister) immer noch viele unserer Leute.« »Quatsch, das ist doch nur Hokuspokus!« »Nein, nein. Das ist immer noch an der Tagesordnung! Neulich, ließ ich mir von einer Freundin die Haare schneiden. Als ich danach heimgehen wollte, sagte sie zu mir: ›Helene, hast du bemerkt, dass hier noch Haare von dir auf dem Boden liegen? An deiner Stelle würde ich sie entsorgen, sonst könnte sie jemand holen, der sie benutzt, um dir einen bösen Zauber aufzuerlegen. Dann wist du krank, bekommst schlimme Schmerzen, verletzt dich oder stirbst sogar.‹

»Und, was hast du gemacht?« »Ich sagte ihr: Das mag sein, aber ich glaube dass Gott stärker als jede Macht der Welt ist und mich beschützt. Deshalb habe ich nichts zu befürchten.«

Samstag

Danke, Jesus, dass Du der Beste, Mächtigste und Einzigartige bist!

Freitag

Du weißt, was die Menschen in Papua-Neuguinea belastet. Bitte befreie sie davon!

Sonntag

Segne folgende Menschen, die mir von Dir erzählt haben: ...

Der Steg zum kleinen Häuschen (Klo).

Dieses kleine Häuschen befindet sich über dem Meer.

Die Frauen tragen schwere Lasten in ihrem Bilum (Tasche).

Weißt du, woher der Name Papua-Neuguinea kommt? Papua bedeutet »krauses Haar« und bezeichnet die Leute, die hier leben. Neuguinea kommt von dem Ausspruch der Portugiesen, die die Landschaft und die Menschen an das afrikanische Guinea erinnerte und deshalb sagten: »Das ist das neue Guinea!«

DIE ANANAS-LEKTION

Otto Koning arbeitete als Missionar im Busch von Holländisch-Neu Guinea. Dort lebte er gemeinsam mit seiner Frau bei den Einheimischen, um ihnen Gottes Wort weiterzusagen, sowie auch in Krankheitsfällen oder anderen Angelegenheiten zu helfen. Dieses Dorf konnte man nur durch einen tagelangen Fußmarsch oder per Flugzeug erreichen.

Eines Tages landete ein Flugzeug mit einer besonderen Fracht an Bord. Es waren 100 kleine Ananaspflanzen, die der Missionar bestellt hatte. »Auf diesem sandigen Boden werden sie sicher gut wachsen«, dachte er. Er bezahlte einige Einheimische, damit sie die kleinen Sprösslinge einpflanzten. Es dauerte drei lange Jahre bis die ersten prachtvollen Ananas heranreiften. In großer Vorfreude und Erwartung wollte Missionar Otto die ersten Früchte ernten. Doch in der Nacht davor stahlen die Einheimischen alle reifen Ananas. Der Missionar stellte die Dorfbewohner zur Rede. Sie antworteten: »Was wir gepflanzt haben, dürfen wir auch essen!« Der Missionar erwidert: »Nein, so ist das nicht. Ich habe euch für das Pflanzen bezahlt! Wenn ihr weiterhin meine Ananas stehlt, dann schließe ich die Klinik!«

Die Einheimischen ließen sich nicht verunsichern und ernteten ab da sogar die noch grünen Ananas. Für Otto und seine Familie blieb keine einzige reife Frucht mehr übrig. Wie angedroht schloss der Missionar die Klinik. Doch auch das konnte kein Dauerzustand sein. Als die einheimischen Eltern mit ihren schwerkranken Kindern kamen und um Hilfe baten, öffnete er das Buschkrankenhaus wieder. Allerdings stahlen die Einheimischen die Ananas unbeirrt weiter. Auch die Aufteilung des Feldes in zwei Hälften, eine für die Einheimischen, die andere für die Missionarsfamilie, oder die Schließung des kleinen Ladens brachten keine Lösung.

Letztendlich wurde der Missionar immer ärgerlicher und bekam sogar ein Magengeschwür. Als er dann darüber nachdachte, wurde ihm bewusst, dass es sich eigentlich gar nicht lohnte, wegen ein paar Ananas ständig im Streit mit den Einheimischen zu sein. Er war doch nicht in den Busch gekommen, um seine Rechte vor ihnen zu verteidigen. Ihm fiel auf, wie egoistisch er gedacht hatte. Dabei wollte er doch sein ganzes Leben Gott zur Verfügung stellen. Er beschloss für sich: »Ich kämpfe nicht mehr um die Ananas! Schließlich lässt Gott sie wachsen und deshalb sollen sie auch ihm gehören!«

Ab diesem Tag war der Missionar sehr entspannt. Ihn störte der Diebstahl gar nicht mehr, denn es waren ja schließlich Gottes Ananas. Den Einheimischen fiel dieses veränderte Verhalten auf und sie sagten: »Too Han (Langnase-Bezeichnung für Europäer), was ist denn mit dir los? Bist du endlich Christ geworden?«

»Wie bitte? Wieso fragt ihr so etwas?«
»Ja, endlich benimmst du dich so, wie du immer gepredigt hast, dass ein Christ sein soll: liebevoll, geduldig und voller Freude!«
Otto lachte. Die Leute fragten weiter: »Too Han, warum ärgerst du dich denn nicht mehr, wenn wir deine Ananas stehlen?«
»Na, weil es nicht mehr meine Ananas sind! Ich habe das Feld einem anderen gegeben. Es gehört nun ihm!«
»Wem? Sag, an wen hast du das Feld abgegeben!«
»Ich sage es euch morgen früh!«
Die ganze Nacht suchten die Einheimischen nach dem neuen Besitzer des Feldes. Und weil sie ihn nicht ausfindig machen konnten, versammelten sie sich in aller Frühe vor dem Haus des Missionars.
Als Otto dann vor sie trat und ihnen sagte, dass er den Garten Gott gegeben habe, schrien sie entrüstet: »Das hättest du nicht tun sollen! Kein Wunder, dass wir keine Beute mehr fangen, unsere Felder verdorren und dass unsere Frauen keine Kinder mehr bekommen. Gott bestraft uns, weil wir seine Ananas gestohlen haben! Wir wollen ab jetzt nicht mehr stehlen!«
Seit diesem Tag wurde keine einzige Ananas mehr gestohlen. Nun erntete Otto die Ananas und teilte sie mit den Dorfbewohnern. So konnten sich alle an den guten Früchten freuen und sie genießen.

ASIEN

Montag
Himmlischer Vater, ich danke Dir für die vielfältige Landschaft in Asien!

Dienstag
Herr, in Deiner Hand liegen die Tiefen der Erde und die Gipfel der hohen Berge. Ich staune über Deine Größe!

Wüsten, Berge, Dörfer und Groß...

Schon wieder ist es Zeit für den nächsten Flug. Dieses Mal führt dich die Gebetsreise nach Asien.

Der Name dieses Kontinents kommt von dem assyrischen Wort »asuzu«, was das »Land des Sonnenaufgangs« bedeutet. »Morgenland« ist die deutsche und »Orient« die lateinische Version dieser Bezeichnung.

rückständige Dörfer sowie modernste Großstädte. Wirklich **vielfältig!**

So verschieden wie die Landschaft ist auch die Bevölkerung Asiens. Auf dieser Landmasse wohnen vier Milliarden Menschen. Das bedeutet, dass mehr als jeder zweite Erdenbürger Asiate ist. Allein in China und Indien wohnt ein Drittel aller Menschen (zwei Milliarden).

Auf diesem asiatischen Kontinent leben zahlreiche Völkergruppen mit vielfältigen Sprachen und verschiedenen Kulturen zusammen, die in 50 Staaten zusammengefasst sind. Einerseits ist das sehr gut, da alles etwas gebündelter ist und einander bereichern kann. Andererseits gibt es dadurch große Herausforderungen. Zum Beispiel im Bereich der

Buddhistische Pilgerinnen in Burma

Auf dem flächenmäßig **größten Erdteil** der Welt (etwa 44 Millionen km²) bekommen wir die gegensätzlichsten Landschaften zu sehen: heiße Wüsten in Saudi-Arabien, im Winter eisig kalte Wüsten in der Mongolei, unendliche Wälder in Sibirien, gewaltige Gebirgsketten wie den Himalaya mit dem höchsten Berg der Welt (Mount Everest), zahlreiche Vulkane, riesige Stromschluchten (von den Flüssen Ganges oder Indus), umfassende Hochländer in Indien, dürre Steppen in Pakistan, dichtbewachsene Regenwälder in Malaysien und unzählige (Halb-) Inseln (indonesische Inselwelt),

Asien gibt es große Unterschiede.

Wochenaktion:
Diese Woche darfst du passend zum Morgenland früh aufstehen und deine Familie mit einem Frühstück überraschen.

Mittwoch
Danke, dass Du jeden einzelnen Menschen auf dieser Erde kennst und liebst.

Donnerstag
Lieber Vater, es berührt mein Herz, dass Du jeden als ein ORIGINAL geschaffen hast.

Freitag
Bitte schenke mir dieselbe Wertschätzung und Liebe für andere ins Herz, wie Du sie hast.

Samstag
Herr hilf, bei der Verständigung der verschiedenen Kulturen in Asien, aber auch bei uns!

Sonntag
Heute bete ich für folgende Asiaten, die ich kenne: ...

Sprache: Oft sprechen die Völkergruppen innerhalb eines Landes unterschiedliche Sprachen. Allein in Indien werden 22 Hauptsprachen, 100 weitere Sprachen und über 500 Dialekte gesprochen. Man versuchte Amtssprachen einzuführen, damit man sich besser verständigen kann, doch dies gestaltete sich schwierig. Noch problematischer ist es bei den kulturellen Unterschieden.

Bis heute kämpfen einige Völkergruppen für ihre Unabhängigkeit. Das führt zu offenen Auseinandersetzungen und Bürgerkriegen, die die Bevölkerung belasten.

Im Land des Sonnenaufgangs leben die unterschiedlichsten Menschengruppen zusammen.

Weißt du, an welcher Stelle das Morgenland in der Bibel vorkommt?

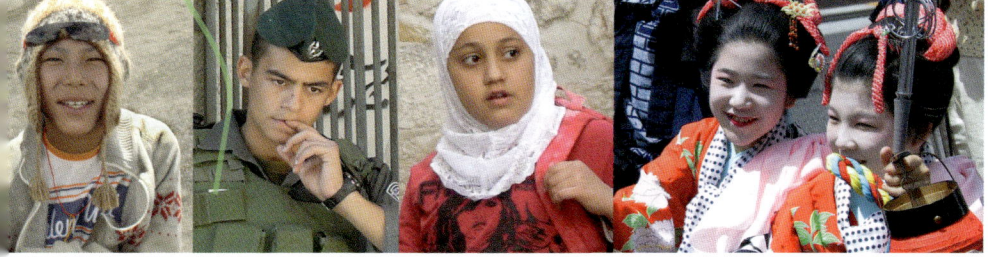

81

ASIEN

Die exotischen Gewürze Asiens werden weltweit geschätzt.

Wusstest du, dass es in Asien schon vor langer Zeit sehr fortschrittliche Hochkulturen gab? Dinge wie Papier, Porzellan, Seide, Kompass, Schiesspulver oder den Buchdruck hat man bereits vorzeiten in China erfunden.

Auch Indiens exotische Gewürze waren im Westen sehr begehrt. Besonders der Pfeffer war zeitweise so kostbar wie echtes Gold. Um diese Waren zu transportieren, benutzte man die sogenannten **Seidenstrassen**. Dies waren Karawanenwege, auf denen vor allem Kaufleute und Armeen zwischen Asien und Europa verkehrten.

Auch heute noch hat das Morgenland wertvolle Güter zu bieten. Über die Hälfte des Erdöls findet man auf dem asiatischen Kontinent. Dieser Rohstoff ist so wichtig, dass er den Spitznamen »Schwarzes Gold« trägt. Außerdem sind Industriemetalle wie Aluminium, Blei oder Zink ebenfalls hoch im Kurs.

Es sind jedoch nicht nur Güter, die zwischen dem Osten und dem Westen transportiert werden, sondern auch neuestes Wissen. Was früher Hochkulturen waren, sind heute hoch technisierte Kulturen. Vor allem Japan ist ein Vorreiter im Bereich der Entwicklung neuer Technologien, wie bei Robotern, Fahrzeugen oder Computerspielen. Andererseits wären Asiens Fortschritte ohne die westlichen Einflüsse nicht denkbar. So handelt es sich hierbei um einen bereichernden Austausch von Ost und West.

Dies kann man auch in unserem Alltag beobachten: während Asiaten die westliche Mode und Musik bevorzugen, liebt man in Europa immer mehr das asiatische Essen und Filme (Bollywood, Pokemon oder Kung Fu). Gerade weil Europa und Asien total unterschiedlich sind, kann man viel voneinander lernen. Kaum zu glauben, dass die beiden Kontinente in der Geschichte so viele Kriege gegeneinander geführt haben.

Montag
Himmlischer Vater, danke für die asiatischen Erfindungen, von denen wir profitieren!

Dienstag
Danke für den Wissensaustausch und den Handel zwischen dem Westen und dem Osten.

Mittwoch
Hilf, dass wir Menschen einander weiterhelfen, anstatt uns gegenseitig zu bekämpfen.

Die japanischen Anime –Zeichnungen sind im Trend.

Die chinesische Großstadt Shanghai.

Der Ganges in Indien gilt für die Hindus als heiliger Fluss.

Donnerstag
Hilf uns nicht
neidisch
auf das zu
werden,
was andere
haben.

Samstag
Es ist so
schlimm, dass
es vor allem in
Asien so viele
Kriege gibt.
Bitte schenk
Frieden.

Freitag
Lieber Vater,
bitte hilf,
dass die rei-
chen Länder
den ärmeren
Ländern
helfen.

Sonntag
Danke
für folgende
Menschen, von
denen ich lerne
und mit denen
ich mich aus-
tauschen
kann:...

Wusstest du, dass 37%
aller Eier aus China kommen?
Trotz Rohstoffe und neuen
Technologien verdienen
die meisten Asiaten ihren
Lebensunterhalt mit der
Landwirtschaft.

ASIEN

Asien ist der Geburtsort aller Weltreligionen

So exotisch wie Asien mit seinen Pagoden, Mausoleen, buddhistischen Klöstern und seinen Denkmälern ist, so andersartig ist auch die Lebensweise. In weiten Teilen des Kontinents gibt es zum Frühstück Reis, zieht man die Schuhe beim Betreten eines Hauses aus und begegnet einander sehr freundlich.

Um die asiatischen Menschen zu verstehen, sollte man wissen, dass sie in einer **»WIR-Kultur«** leben. Das bedeutet, dass einem die Meinung der Familie, der Mitschüler, der Kollegen oder der Gruppe sehr wichtig ist. In vielen Ländern zum Beispiel heiraten die jungen Leute den Partner, den ihre Familie für sie ausgesucht hat. Auch trägt man oftmals in Schulen und Firmen Uniformen, um die Zusammengehörigkeit und Gleichheit zu unterstreichen. Man achtet sehr darauf, dass man nicht aneckt oder auffällt. Die Einzelnen ordnen sich dem unter, was ihre Gruppe sagt und bekommen dafür die Wertschätzung und den Schutz der anderen. Das ist ganz anders als in Europa, nicht wahr?

Asiaten gelten als überaus gastfreundlich und hilfsbereit. Nicht selten nehmen sich Leute Zeit, um dir weiterzuhelfen oder laden dich auf eine Tasse Tee ein. Und das, obwohl sie dich gar nicht gut kennen. Wirklich nachahmenswert!

Interessant, dass Asien der **»Geburtsort« aller Weltreligionen** ist. Während der Buddhismus und Hinduismus aus Indien kommen, hat das Juden- und Christentum seinen Ursprung im heutigen Israel und Palästina. Der Islam dagegen stammt aus dem heutigen Saudi-Arabien. Dadurch gibt es in Asien auch sehr viele verschiedenen Zeitrechnungen: im Buddhismus beginnt die Zeitrechnung mit dem Todesjahr des Begründers, im Judentum mit der Erschaffung der Erde.

Den Taj Mahal ließ ein indischer Großmogul für seine verstorbene Frau errichten. Der Bau dauerte 17 Jahre.

Montag
Jesus, Du bist der Weg die Wahrheit und das Leben. Danke dafür!

Dienstag
Lass mich von der asiatischen Freundlichkeit und Hilfsbereitschaft lernen.

Mittwoch
Hilf mir andere so behandel wie ich au behande werden möchte.

Vor dem Tempel stehen zur Abschreckung Wächter.

Im Christentum orientiert man sich an Christi Geburt und im Islam startet man mit dem Auszug des Propheten Mohammed aus Mekka. Nicht selten haben auch Herrscher neue Zeitrechnungen im Land eingeführt. Zum Beispiel in Japan richtet sich die Jahreszahl danach wie lange der amtierende Kaiser bereits regiert.

Donnerstag
Himmlischer Vater, danke, dass Asiaten so viel Zeit und Kraft in Beziehungen investieren.

Freitag
Lieber Vater, hilf den Menschen, Dich als ihren Gott zu erkennen.

Samstag
Danke, dass wir einen zuverlässigen Kalender haben, der uns an Christi Geburt erinnert.

Sonntag
Bitte segne folgende Personen, die immer so freundlich und hilfsbereit sind: ...

Die Uniform zeigt, welche Schule die Schüler besuchen.

Um einen genauen, verlässlichen Kalender zu bekommen, machten sich viele schlaue Köpfe ans Werk. Die letzte Reform unseres Kalenders erfolgte im Jahr 1582 nach Christus. In diesem Jahr übersprang man 10 Tage, um die Abweichung wieder auszugleichen, die sich mit der Zeit eingeschlichen hatte. So folgte auf den 4. Oktober 1582 gleich der 15.Oktober.

Mönche auf ihrem Pilgerweg.

Hier erfährst du, was sich hinter den fünf Weltreligionen verbirgt. Allerdings handelt es sich nur um eine grobe Zusammenfassung der wichtigsten Inhalte:

HINDUISMUS

Diese Religion hat ihren Ursprung etwa 1500 v. Chr. in Indien. Im Hinduismus wird die Gesellschaft in verschiedene Kasten unterteilt, die meistens nach Berufsgruppen sortiert sind. In eine Kaste wird man hineingeboren. In ihr bleibt man sein Leben lang. Man übernimmt den Beruf seiner Eltern und heiratet jemanden, der in der gleichen Kaste ist.

Erleuchtete
- - - - - - - - - - - - - - - -
Priester
- - - - - - - - - - - - - - - -
Soldaten und Könige
- - - - - - - - - - - - - - - -
Händler und Bauern
- - - - - - - - - - - - - - - -
Handwerker und Arbeiter
- - - - - - - - - - - - - - - -
Kastenlose
- - - - - - - - - - - - - - - -

Der Hinduismus geht davon aus, dass man nach dem Tod wieder als Baby auf die Welt kommt. Diesen Kreislauf der Wiedergeburt nennt man Samsara. In welche Kaste man jedoch im nächsten Leben hineingeboren wird oder ob man womöglich als Tier oder Pflanze auf die Welt kommt, wird vom Karma bestimmt. Karma nennt man die Summe aller guten und schlechten Taten eines Menschen. Wenn man also die Pflichten und Regeln der Kaste einhält und gute Werke tut, sind die Chancen eines Aufstiegs bei der Wiedergeburt gesichert. Wenn man die Erleuchtung erreicht, kann man aus dem »Rad der Wiedergeburten« befreit werden. Die Verehrung von Gottheiten trägt dazu bei.

Im Hinduismus werden über drei Millionen Götter verehrt.

BUDDHISMUS

Etwa 560 v. Chr. lebte der hinduistische Prinz Siddharta Gautama in Indien. Als er eines Tages den Palast verließ, um die Welt zu erkunden, begegnete er nacheinander einem Kranken, einem Alten, einem Sterbenden und zwei Fastende an. Diese Begegnung bewegte den Prinzen so sehr, dass er »vier edle Wahrheiten« formulierte:

1. Das Leben ist voller Leiden.
2. Die Ursache des Leidens ist das gierige Herz.
3. Das Leiden kann man dann beenden, wenn man seine Gier »besiegt«.

4. Man kann das Leid über-
winden, indem man den
achtfachen Pfad (Le-
bensregeln) befolgt.

Als der Prinz diese Din-
ge befolgte, erlang er die
Erleuchtung und nannte
sich von diesem Tage an
Buddha. Das heißt soviel
wie Erleuchteter. Ziel des
Buddhismus ist die Befreiung von der Wiedergeburt,
die Befreiung von Leid, das
Ende aller Gier und das Erreichen des Nirwanas (das
Nichts). Mittlerweile gibt
es sehr unterschiedliche
Ausprägungen des Bud-
dhismus.

Eine Statue vom
meditierenden Buddha
(Erleuchteten)

ISLAM

Diese Religion geht davon
aus, dass Mohammed im
Jahr 610 n. Chr. von Engel
Gabriel die Korantexte of-
fenbart bekommen hat.
Nachdem Mohammed in
seiner Heimat Mekka Ab-
lehnung erfuhrt, floh er
622 n. Chr. nach Medina.
Dort erwarteten ihn be-

Die Türme einer Mosche nennt
man Minarett. Von hier aus ruft
der Muezzin zum Gebet

reits Anhänger der neuen Lehre. Gemeinsam errangen
sie die Herrschaft über die Stadt. Auf diese Weise versuchten die islamischen Anhänger immer mehr Länder
zu erobern und diese zu islamischen Staaten zu machen.
Im Koran wird Allah, der alleinige Gott, beschrieben. Jeder Mensch soll sich ihm vollkommen unterwerfen. Genau das bedeutet das Wort »Islam« auch, nämlich Ge-
horsam oder Unterwerfung. Allah steht über allem und
hat keine menschlichen Gefühle. Deshalb kann Jesus im
Islam auch kein Gott, sondern nur ein Prophet sein.
Der Koran gilt im Islam als heilige Schrift, die unfehlbar
ist. Er darf nicht verändert werden. Bis heute wird nur
die original arabische Version akzeptiert. Zusätzlich
gibt es noch Überlieferungen über Mohammeds Leben
und das islamische Recht, die Scharia. Diese beinhaltet
Entscheidungen von Gelehrten, die jede alltägliche Situation regelt. Von der Frage, was man mit Dieben macht
bis zum richtigen Umgang mit Handys. Darüber hinaus
werden von jedem Gläubigen fünf Dinge erwartet: 1.
Er soll das Glaubensbekenntnis sagen, 2. er soll jeden
Tag die fünf Gebetszeiten einhalten, 3. er soll im Monat
Ramadan fasten, 4. er soll den Armen Geld geben und
5. er soll in seinem Leben eine Pilgerfahrt nach Mekka
machen.
Um so mehr man sich Gott unterwirft und die vorge-
schriebenen Gesetze einhält, umso höher ist die Chance für einen Muslim in den Himmel zu kommen. Ganz
sicher können sich allerdings nur die Märtyrer sein, die
für ihren Glauben gestorben sind.

JUDENTUM

Die Geburtsstunde des Judentums war etwa 1800 v. Chr. als Gott mit Abraham ein »Bündnis« schloss (1. Mose 12). Als Zeichen dieses »Vertrages« werden die jüdischen Jungen im Alter von acht Tagen beschnitten. Dabei wird die Vorhaut an ihrem Geschlechtsteil entfernt.

Gott erwählte Abraham und seine Nachkommen als sein Volk, um sich als ihr Gott an ihre Seite zu stellen. Israel war ein kleines Volk. Trotzdem half Gott, dass die Israeliten Siege über ihre Feinde erringen konnten. Dadurch wurde die Macht und Größe Gottes für alle sichtbar. Die Geschichten kannst du im Alten Testament der Bibel nachlesen.

Die Juden glauben an Gott, den Schöpfer des Himmels und der Erde. Gott hat seinem Volk versprochen, dass er den Messias sendet wird, um sein Volk zu befreien und ein Friedensreich zu gründen. Allerdings erkennen sie Jesus Christus nicht als diesen Erretter an. So warten sie noch immer auf das Kommen des Messias. Bis dahin halten sie sich an das, was im Alten Testament und dem Talmud (Erklärung zu den fünf Büchern Mose) steht. Im Judentum ist der freie Tag in der Woche der Samstag (Sabbat). Man versammelt sich in der Synagoge. Zum täglichen Gebet bedeckt man seinen Kopf mit der Kippa. Im jüdischen Glauben ist es außerdem wichtig, dass man regelmäßig die 5 Bücher Mose (Thora) liest, sich an die Speisevorschriften hält und die jüdischen Feste feiert.

CHRISTENTUM

Das Christentum hat dieselben Wurzeln wie das Judentum. Doch die Christen erkennen Jesus als den Sohn Gottes und Messias an. Jesus wurde von der Jungfrau Maria in Israel geboren. Als 30jähriger begann er umherzureisen und zu predigen. Er sagte, dass ihn Gott, sein Vater, auf die Erde gesandt habe, um die Menschen zu erretten. Jesus rief die Menschen auf, sich zu ändern und so zu leben, wie es Gott gefällt. Er berief Jünger, heilte Kranke, kümmerte sich um die Außenseiter und sprach über Gottes Reich. Doch ihm wurde nicht geglaubt. Statt dessen wurde er im Alter von 33 Jahren von den religiösen Führer verurteilt und gekreuzigt. All dies kannst du in den vier Evangelien des Neuen Testaments nachlesen.

Die große Frage, die sich einem stellt, ist natürlich: Warum musste Jesus sterben? Um dies zu verstehen, muss man ganz an den Anfang der Bibel zurück. Gott hat diese Erde gemacht und auch uns Menschen erschaffen. Da alles perfekt war, nannte man es Paradies. Es gab nur eine einzige Regel, nämlich dass die Menschen nicht die Frucht eines gewissen Baumes essen dürfen. Doch genau diesen Baum nutzte der Feind Gottes, um die Menschen zum Ungehorsam zu verführen. Leider ging der satanische Plan auf. Die Menschen aßen von dem Baum und das Verhältnis zwischen ihnen und Gott

>»Denn Gott hat die Menschen so sehr geliebt, dass er seinen einzigen Sohn für sie hergab.

Jeder, der an ihn glaubt, wird nicht verloren gehen, sondern das ewige Leben haben.«
(Johannes 3 16)

wurde zerstört. Als Folge mussten sie das Paradies verlassen. Ab diesem Zeitpunkt trennte die Sünde wie ein großer Graben die Menschen von Gott.

Gott leidet jedoch unter dieser Trennung, wahrscheinlich viel mehr als wir Menschen. Sein großer Wunsch ist es, dass er mit all seinen Geschöpfen wieder zusammen leben kann. Doch dazu muss jemand das Sündenproblem lösen. Der Einzige, der dafür in Frage kam, war Jesus. In der gesamten Zeit, in der Jesus auf der Erde lebte, tat er nie etwas Böses. Natürlich versuchte Satan wieder, den Plan Gottes zu zerstören und Jesus zur Sünde zu verführen. Doch dieses Mal scheiterte er. Schließlich starb Jesus für uns am Kreuz. Somit ist die Trennung zwischen Gott und Mensch aufgehoben. Er selbst wurde zur Brücke!

Doch die Geschichte geht noch weiter. Jesus ist auferstanden und lebt, obwohl wir ihn mit unseren Augen nicht sehen. Deshalb können wir nun eine persönliche Freundschaft mit ihm haben.
Indem wir in der Bibel lesen, erfahren wir alles, was Gott uns über sich und die Welt mitteilen möchte. Durch das Gebet dürfen wir direkt mit Gott sprechen. Gemeinsam mit anderen Christen können wir Gottesdienste feiern, füreinander da sein und von Gottes guter Botschaft weitersagen. Durch die Hilfe des Heiligen Geistes ist es uns möglich so zu leben, wie es Gott gefällt. Kannst du das glauben?
Gott lädt uns ein, ein Leben mit ihm zu führen. Er möchte wie ein Vater und ein Freund in unserem Alltag dabei sein. Er möchte helfen, trösten, bewahren, beraten und überall dabei sein. Aber das Beste kommt erst noch! Wir haben die Zusage, dass Gott uns im Himmel schon Wohnungen bereit hält, wo wir einziehen dürfen – auf ewig. Dort wird es einfach traumhaft sein und wir werden Gott endlich direkt sehen und hören können. Die Eintrittskarte dafür liegt durch Jesus bereit, die Frage ist nur, willst du sie gebrauchen?

Informationen, wie du ein Leben mit Jesus beginnen kannst, findest du auf Seite 138.

89

JAPAN

Nun geht es direkt in die asiatische Metropole Tokio, die Hauptstadt von Japan. Oft wird dieser Inselstaat auch als »Land der aufgehenden Sonne« bezeichnet. In der japanischen Religion (Shintoismus) geht man davon aus, dass alle übernatür-

Mittwoch
Herr, danke, für Japans technische Wissen und den Fortschritt, der auch uns zugute kommt.

Donnerstag
Treuer Gott, gegen Naturkatastrophen sind wir Menschen einfach machtlos. Bewahre Du!

Gruppenfoto vor einem japanischen Schloss

Montag
Großer Schöpfer, ich preise Dich für die Schönheit von Japans Natur.

Dienstag
Guter Gott, danke, dass die heißen Quellen vielen Menschen helfen!

lichen Phänomene von einer Gottheit bewohnt seien. Die Sonnengöttin gilt als wichtigste Gottheit und deshalb hat die Sonne eine besondere Bedeutung. Kein Wunder, dass auf der japanischen Flagge eine aufgehende Sonne abgebildet ist.
Beim Stichwort »Japan« denkt man vielleicht an Menschenmassen, volle Züge und unzählige Hochhäuser. Doch dieses Land hat auch ein anderes Gesicht. Denn sobald man die Ballungszentren wie Tokio oder Osaka verlässt, kann man Japans **wunderschöne Natur** bestaunen!

Ungefähr 75 % der ganzen Landmasse besteht aus Wäldern und Bergen. Mit anderen Worten: für die Menschen bleibt nur wenig bewohnbare Fläche übrig. Deshalb leben die Menschen so gedrängt in den flachen Regionen. Der höchste Berg ist das Wahrzeichen Japans, der Fuji. Dieser ist einer der 240 Vulkane, von denen 40 noch aktiv sind. Da Japan in einem vulkanisch aktiven Gebiet liegt, gibt es fast überall heiße (Schwefel-) Quellen. Diese sogenannten Onsen haben vielfältig heilende Wirkung und bereichern die japanische Badekultur enorm.
Doch Vulkangebiete haben auch ihren Nachteil:
1. Immer wieder beunruhigen Vulkanausbrüche die Inselbevölkerung.
2. Erdbeben gehören zu Japans Alltag. Bei einem Beben fühlt man sich, als ob jemand plötzlich am Haus rütteln würde. Solange es leichte Erschütterungen sind, besteht kein Problem. Aber es gab

in der Geschichte schon mehrfach zerstörerische Erdbeben, wie 1923 in Tokio mit 140 000 Opfern. Oder 2011 das Erdbeben der Stärke 9 in Fukushima mit der anschließenden 14 Meter hohen Flutwelle. Sicher kannst du dich noch an die Bilder erinnern, wo ganze Dörfer weggespült wurden und das Atomkraftwerk brannte. Die Zahl der Toten stieg über 15 500, rund 5 000 Menschen werden noch vermisst und 210 000 Menschen verloren von jetzt auf nachher ihr Zuhause. Es wird Jahre dauern, bis alles wieder aufgebaut ist. Echt furchtbar!

Um die Bevölkerung rechtzeitig vor Erdbeben, Vulkanausbrüchen, Taifunen oder Tsunamis (Flutwellen) zu warnen, verfügt Japan über ein hochwertiges Frühwarnsystem. Die Bevölkerung bereitet sich mit Katastrophenübungen, erdbebensicheren Hochhäusern und Fluchtrucksäcken stets auf den Ernstfall vor. Trotzdem weiß jeder Japaner, dass man als Mensch gegen die Naturgewalten keine Chance hat.

Freitag
Zeig den Japanern, dass sie bei Dir einen festen Halt finden können und sicher sind.

Samstag
Danke, himmlischer Vater, dass ich mich mit meiner Angst an Dich wenden darf!

Sonntag
Manchmal habe ich Angst vor: ...

Der Kimono ist die traditionelle Kleidung in Japan.

Bauern bei der Arbeit.

Ein Sumo-Ringer vor seinem Kampf.

Ein neues Hochhaus wird gebaut.

Japan ist ein Land voller Gegensätze:
• riesige Großstädte und doch sehr ländlich
• im Norden fällt meterweise Schnee im Winter, doch im Süden haben die Inselbewohner noch nie Schnee gesehen
• viel Arbeit und wenig Freizeit
• viel modernes Wissen, doch sehr abergläubisch

JAPAN

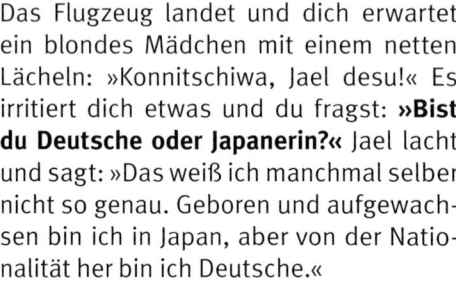

Japanische Schulklasse.

Ein japanischer ...
toistischer Schr...

Das Flugzeug landet und dich erwartet ein blondes Mädchen mit einem netten Lächeln: »Konnitschiwa, Jael desu!« Es irritiert dich etwas und du fragst: **»Bist du Deutsche oder Japanerin?«** Jael lacht und sagt: »Das weiß ich manchmal selber nicht so genau. Geboren und aufgewachsen bin ich in Japan, aber von der Nationalität her bin ich Deutsche.«
»Warum lebst du denn in Japan?«
»Weil meine Eltern hier als Missionare arbeiten.«
»Missionare? Nun ja, die Japaner scheinen doch recht glücklich zu sein. Wenigstens lächeln sie...« Das Mädchen antwortet:

Japaner schreiben ihre Gebete und Wünsche auf Holztäfelchen.

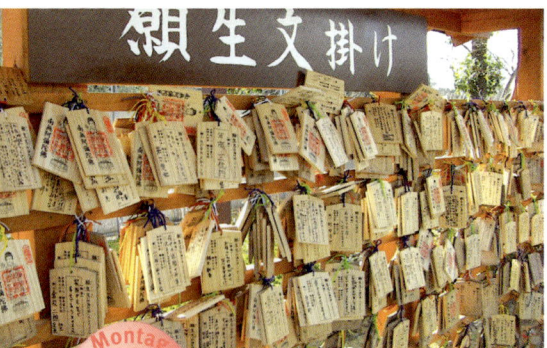

»Konnitschiwa Jael desu!«

Montag
Jesus, bei Dir müssen wir nicht die Helden spielen. Danke für Deine Freundschaft!

Dienstag
Bitte befreie die Japaner von dem »krank-machenden« Leistungsdruck, unter dem sie stehen.

Mittwoch
Herr, wie schön wäre es, wenn die Japaner Dich kennen lernen würden!

»Ja, die Japaner sind ein sehr freundliches Volk. Sie begegnen einander mit einem Lächeln und versuchen, gut miteinander auszukommen. Es gehört sich nicht, am anderen seine schlechte Laune auszulassen, ihn zu blamieren oder vor allen zu kritisieren. Man sucht eher das Gute am Gegenüber und lobt einander. Das ist sehr angenehm!«
Dann erzählt sie weiter: »Auf der anderen Seite gehören Fleiß, Disziplin und gute Ergebnisse von klein auf zum Leben eines Japaners. Die meisten Schüler gehen nach der Schule in Nachhilfeklassen, um weiter zu lernen. Für die berühmten Kindergärten, Schulen und Universitäten gibt es nämlich sehr schwierige Aufnahmeprüfungen, die unglaublich viel Wissen abverlangen. Viele versuchen ihr Glück, denn wenn sie es schaffen, garantiert ihnen das später ein hohes Ansehen und eine gute Arbeitsstelle. Mit dieser eisernen Arbeitsmoral konnte Japan zur drittgrößten Wirtschaftsmacht der Welt aufsteigen.«
Sie macht eine kurze Pause und sagt dann: »Doch der Preis dafür ist sehr hoch. Viele Japaner arbeiten fast jeden Tag von morgens bis nachts. Gesundheitliche so-

Ein buddhistischer Tempel mit Weihrauch. **Auf dem Weg zur deutschen Schule.**

Wochenaktion:
Wie wäre es, wenn du mit einem kleinen Päckchen einem Missionarskind eine Freude machen würdest? Nutella, Gummibärchen, Kinderzeitschriften – wahrscheinlich freuen sie sich über das, was du auch magst. Informationen zu Adressen von Missionarskindern gibt es auf Seite 138.

wie psychische Probleme, unglückliche Familien und Versagensängste sind die Folgen. Da auch in Japan gerade die Arbeitslosigkeit steigt, verstärkt sich der Leistungsdruck und die Zukunftsangst.«

»Aber wer hilft ihnen denn damit umzugehen?« »Ja, das ist es ja gerade. Sie kennen keinen Gott, der sich um sie kümmert. Sie gehen in den Tempel und versuchen mit Geldopfer, Amuletten oder Gebeten die Gunst der Götter zu bekommen. Aber einen

Donnerstag
Gib den Missionaren Kraft und Ausdauer, um Dich bei den Japanern bekannt zu machen.

Freitag
Hilf den Missionaren und ihren Kindern, dass sie die räumliche Trennung gut verkraften.

Samstag
Gott, bitte steh den Missionarskindern bei, wenn sie zwischen zwei Welten aufwachsen!

Gott, der ihr Vater und Freund sein möchte, kennen sie nicht. Deshalb gibt es Missionare in diesem Land. Sie versuchen den Menschen zu helfen und ihnen von Jesus zu erzählen, der für uns sein Leben gegeben hat. Bei ihm müssen wir nicht hohe Leistungen bringen, um Anerkennung zu bekommen. Er liebt uns so wie wir

sind. Was für eine befreiende Botschaft!«

Du nickst und lässt sie weitererzählen: »Ein großer Vorteil für uns Missionarskinder ist, dass es in Yokohama eine deutsche Auslandsschule gibt, die wir besuchen. Der Nachteil besteht darin, dass die Einsatzorte unserer Eltern oft so weit entfernt sind, dass wir unmöglich von zu Hause aus die Schule besuchen können. Deshalb wurde ganz in der Nähe der Deutschen Schule Yokohama ein Internat gebaut. Hier können wir die Woche über wohnen und zur Schule gehen.«

»Weg von den Eltern? Hat man da nicht Heimweh?«

»Hm, manchmal schon. Aber im Internat gibt es ja Hauseltern und Freunde, die für einen da sind. Und außerdem weiß man auch, wie wichtig die Arbeit der Eltern für die Japaner ist. Das hilft!«

Sonntag
Himmlischer Vater, ich bitte Dich um Segen für folgende Missionarsfamilien:...

Missionarskinder wachsen mehrere Jahre in mehreren Kulturen mit mehreren Sprachen auf. Darum wissen sie oft nicht, wo ihre wirkliche Heimat ist. Am schwierigsten stellt sich meistens der Wechsel vom einen ins andere Land dar. Besonders der Abschied vom Bisherigen, die Umstellung und das Reinkommen ins Neue dauert seine Zeit.

BANGLADESCH

Der Einkauf auf dem Markt ist Männerarbeit!

Das Hauptnahrungsmittel ist Reis.

Unsere Gebetsreise führt uns nun von einem der reichsten Länder in eines der ärmsten. Es heißt Bangladesch. Dicke Jacken sind hier fehl am Platz, denn es ist fast das ganze Jahr über feucht und heiß. In Bangladesch liegt das größte Mündungsgebiet der Welt, das **Gangesdelta.**

Hier vereinigen sich die großen Flüsse Ganges und Bramaputra und führen das Schmelzwasser des Himalaya-Gebirge in das Meer. Diese Flüsse ändern laufend ihren Kurs. Sie werden manchmal sogar über acht Kilometer breit.

Da Bangladesch ein sehr **flaches Land** ist, können sich in der Regenzeit oder nach einem Orkan die Wassermassen der Flüsse sehr leicht über weite Teile des Landes ausbreiten. Gut für die Flüsse, doch furchtbar für die Menschen, die dort leben – und das sind rund 150 Millionen!

Bangladesch ist das Land, in dem die meisten Leute auf geringem Raum zusammenleben. Man redet sogar von einer **Überbevölkerung**, weil es eigentlich zu viele Menschen für das kleine Land sind. Viele haben keine Möglichkeit, sich vor den jährlich wiederkehrenden Monsunregen, Wirbelstürmen und Hochwasser in Sicherheit zu bringen.

Die Überschwemmungen richten allerdings nicht nur Unheil an, sondern schwemmen auch fruchtbare Erde an, sodass Reis, Hülsenfrüchte, Obst, Gemüse, Zuckerrohr, Ölsaaten und Tabak das ganze Jahr über sehr gut wachsen. Durch die zahlreichen Flüsse gibt es auch viele Fische, die den Menschen Nahrung bieten. Die meisten Bengalen leben auf dem Land und halten sich mit **Landwirtschaft, Fischfang** und **handwerklichen Berufen** über Wasser. Dabei müssen auch oft die Kinder mitarbeiten, damit die Familie überleben kann. Man schätzt, dass in Bangladesch mehrere Millionen Kinder als Näherin, Bau-

Das flache Land begünstigt Überschwemmungen.

Montag
Himmlischer Vater, danke für das schöne Land Bangladesch und die vielen Menschen dort!

Dienstag
Bitte hilf denen, die durch Naturkatastrophen Angehörige, ihren Besitz und anderes verloren haben.

Mittwoch
Bitte beschütze die Leute in Bangladesch vor Naturkatastrophen. Gib ihnen Trost und neue Kraft.

Viele Kinder wachsen in Armut auf.

arbeiter, Dienstmädchen oder Müllsammler arbeiten müssen. Diese Kinder können keine Schule besuchen und bekommen für ihre harte Arbeit nur wenig Geld.

Manchmal verkaufen arme Eltern eines ihrer Kinder auch an Kinderhändler, sie versprechen, dem Kind eine Schulbildung zu ermöglichen und gut für es zu sorgen. In Wirklichkeit gebrauchen sie aber das Kind als Arbeitskraft. Es hat von morgens bis abends wie ein Sklave zu arbeiten. Eigentlich ist das verboten. Dagegen muss man etwas tun!

Wochenaktion:
Du kannst aktiv gegen die Kinderarbeit in Bangladesch vorgehen, indem du in Läden einkaufst, die sich gegen Kinderarbeit aussprechen. Auf der Internetseite: www.aktiv-gegen-kinderar-beit.de/firmen findest du heraus, wie Firmen zum Thema Kinderarbeit stehen.

Sonntag
Ich bitte Dich für die Menschen, die in den heutigen Nachrichten erwähnt werden...

Samstag
Herr, bitte zeige den Reichen, dass sie sich auch um die Armen in ihrem Land kümmern sollen.

Freitag
Lieber Vater, bitte greif ein, dass die Kinder nicht von klein auf so hart arbeiten müssen.

Donnerstag
Danke für n fruchtbaren oden und die ielen Fische, on denen die Menschen leben können.

Die Jackfruit ist die Nationalfrucht Bangladeschs.

Kinder bei Näharbeiten.

Die Frau trägt einen Sari.

Der Name Bangladesch bedeutet Land der Bengalen. Dieses Land gibt es erst seit 1971. Davor gehörte es zu Indien bzw. Pakistan.

BANGLADESCH

Lernen und Arbeiten im Hostel.

Am Flughafen in der Hauptstadt Dhaka holt dich Shari ab: »Nomoschkar – Herzlich willkommen in Bangladesch!« In der **Großstadt Dhaka** geht es hektisch, lebhaft, bunt und vor allem laut zu. Auf den Strassen drängen sich alte, verbeulte Busse, unzählige Autos, Rikschas und Fußgänger aneinander vorbei. Nach einer achtstündigen Zugfahrt seid ihr endlich

Der Bahnhof hat keinen Bahnsteig, aber dafür viele Marktstände.

in **Dinajpur,** im sogenannten **»Hostel«** (Herberge) angekommen. Hier leben Kinder, die aus armen und zerbrochenen Familien kommen oder deren Eltern verstorben sind, in einem Internat. **Fancy** ist

eine davon: Ihr Vater starb, als sie noch ein Baby war und ihre Mutter einige Jahre später. So wurde sie von ihrem Onkel aufgenommen. Dieser Mann behandelte die Sechsjährige jedoch wie ein Dienstmädchen. Als Mädchen oder Frau gilt man im islamisch geprägten Bangladesch nicht sehr viel. Vor allem in armen Familien werden die Söhne bevorzugt. Sie bekommen besseres Essen und dürfen in die Schule gehen. Sie sollen schließlich später ihre Eltern mitversorgen. Die Töchter müssen dagegen zu Hause bleiben und im Haushalt mithelfen. Fancy wurde, Gott sei Dank, aus ihrem Dienstmagdalltag befreit und kam ins Hostel. Dort hat sie die Möglichkeit, die Schule zu besuchen und in einem christlichen Umfeld aufzuwachsen.

Nach dem Unterricht werden die Kinder in Gruppen eingeteilt und putzen zusammen das Haus, waschen selber ihre Kleider per Hand, schneiden das Gras, holen Wasser oder verrichten andere Arbeiten. Sie lernen auch wie man Obst und Gemüse anbaut oder Kühe und Ziegen pflegt. Neben dem Lernen in der Schule eignen sie sich auch praktische Fähigkeiten fürs

Die Autofahrten sind ein Abenteuer für sich.

Montag
Himmlischer Vater, danke für die Kinderheime, die den Kindern ein neues Zuhause geben.

Dienstag
Segne die Kinder, hilf ihnen beim Lernen und begegne ihnen in ihrem Alltag.

Mittwoch
Tröste die Kinder, wenn sie ihre Eltern vermissen oder unter ihrer Vergangenheit leiden.

Die deutsche Ärztin Matthea mit Yasmin.

»Nomoschkar«

Leben an. Der Leiterin des Hostels ist es wichtig, den Kindern ein behütetes Zuhause zu schaffen. Sie will ihnen Jesu Liebe vorleben.

Gerade an diesem Tag bekommst du furchtbare Bauchschmerzen. Die besorgte Leiterin des Kinderdorfs bringt dich ins Krankenhaus. Es liegt etwa eine Stunde weit entfernt. Du staunst nicht schlecht, als eine deutsche Ärztin den Raum betritt und dich untersucht. »Du hast nur eine kleine Magenverstimmung. Das legt sich wieder.« Eine Frage treibt dich jedoch um: »Was verschlägt Sie denn nach Bangladesch?« Die Ärztin lächelt: »Lange Jahre habe ich in Deutschland im Krankenhaus gearbeitet. Doch als ich von der Klinik in Bangladesch hörte, entschloss ich mich hierher zu kommen. Gott hat mir so viel gegeben und nun will ich mich ihm aus Dankbarkeit zur Verfügung stellen.«

»Gibt es hier so wenig Ärzte?« »Jein. Viele gute Ärzte arbeiten lieber in den noblen Kliniken in Dhaka. Dort verdienen sie mehr. Die arme Landbevölkerung bleibt da auf der Strecke. Wir behandeln in unserer Klinik alle Menschen, die in Not sind. Wir können die Patienten sehr günstig behandeln, weil wir Spenden für die Patienten bekommen und wir ausländischen Ärzte auf ein Gehalt verzichten.«

»Aber haben Sie Ihren Einsatz nicht auch schon bereut?« Die Ärztin antwortet: »Als Yasmin ihr erstes Baby bekam, verletzte sie sich schwer. Danach konnte sie ihren Urin nicht mehr halten. Es ging sozusagen immer etwas in die Hose. Das reicht natürlich auch sehr unangenehm und sie hatte sehr Angst, dass ihr Mann sie deswegen verlassen würde. Nach der erfolgreichen OP in unserer Klinik kam sie auf uns zu, umarmte und küsste uns. Sie bedankte sich weinend für ihr ›neues‹ Leben. Nun ist sie trocken und kann getrost weitere Babys bekommen. Nach solchen Erlebnissen weiß ich einfach: Das ist mein Platz!«

Donnerstag
Danke für die Ärzte, die freiwillig in Länder gehen, wo Hilfe benötigt wird.

Freitag
Bitte schenke gute bangladeschische Ärzte, die sich um die Armen kümmern!

Samstag
Bitte verändere die Männer in Bangladesch, damit sie ihre Frauen lieben und gut behandeln.

Sonntag
Ich bitte Dich für folgende Ehepaare, damit sie sich noch mehr lieb haben:...

Spielnachmittag im Hostel.

In Bangladesch hört man nicht die Kirchenglocken läuten, sondern den Muezzin rufen. Das islamische Land hört fünf Mal am Tag über Lautsprecher der Aufruf zum Gebet. Christen gibt es in diesem Land nur sehr, sehr wenige.

CHINA

Wie gut, dass sich dein Magen wieder erholt hat, denn nun heißt es ins Flugzeug nach China steigen - genauer gesagt, du landest in Peking, der Hauptstadt Chinas. Dieses Land mit den meisten Einwohnern hat eine 5000 Jahre alte Geschichte und nennt sich Zhongguo - das Reich der Mitte. Bemerkenswerte Kaiserreiche, gigantische Bauten und bestaunenswerte Fertigkeiten sowie brutale Kriege kennzeichnen seine Vergangenheit - ein Land mit viel Licht und Schatten!

Dienstag
Danke, dass wir Bauwerke errichten und uns daran freuen können.

Mittwoch
Herr, Du bist meine Stärke, an Dich will ich mich klammern. Du gibst mir Schutz wie eine Burg. (Psalm 59, 10)

Donnerstag
Es ist schlimm, wie Macht die Herrscher in China verändert hat.

Die Armee der Terrakottakrieger.

Montag
Himmlischer Vater, es ist echt super, dass Du uns so viel Fantasie geschenkt hast.

Per Dschunke auf den chinesischen Flüssen unterwegs.

Der erste Kaiser von China war König in einem der sieben Reiche. Er unterwarf die anderen und einte China 221 v. Chr. zu einem Reich. Vorher hieß er **Zhao** Zheng, danach nannte er sich »**Qin Shihuangdi**«, das heißt »erster Gottkaiser von Qin«. Hier kommt wahrscheinlich der Name China her. Nach Anordnung dieses Kaisers wurden in der Zeit Maße, Gewichte und die Schreibweise vereinheitlicht. Auch wurde der erste künstliche Kanal, eine 5000km lange

Mauer und sein eindruckvolles Grab, mit Armeen von menschengroßen Terrakottakriegern, erbaut. Dafür entwickelte man neueste Techniken. Millionen von Bauarbeitern mussten unter einfachsten Verhältnissen arbeiten. Mit diesen Bauten demonstrierte der Kaiser seine Macht und Stärke nach außen, aber im Land versuchten seine Gegner ihn umzubringen. Qin Shihuangdi sagte, dass seine Dynastie die nächsten 10 000 Jahre in China herrschen wird, doch kurz nach seinem Tod war das Land am Boden. Dem Volk ging es schlecht, es hatte keine Nahrung, keine Arbeit und war unzufrieden. So entstand ein Bürgerkrieg und China versank im Chaos. Bis der nächste Herrscher der Han Dynastie sich durchsetzte...

Wochenaktion:
Teste dein handwerkliches Geschick und bastle etwas Schönes. Wie wäre es mit einem Drachen, verziert mit einem chinesischen Schriftzeichen? Eine Bastelanleitung findest du unter www.kids-web.de/basteln/drachen.htm

Dieses Schema wiederholte sich immer wieder in diesem Land. Kam ein Herrscher an die Macht, erhofften sich die Menschen eine Besserung. Anfangs sah es gut aus, doch dann wurde das Volk wieder von dem Machthaber ausgenutzt. Das jüngste Beispiel ist **Mao Zedong,** unter dem 1949 die Volksrepublik China entstand. Mit seiner kommunistischen Partei versprach er dem Volk einen Staat, in dem alle gleich sind. Keiner sollte vom anderen unterdrückt werden, keiner über den anderen herrschen und jeder in Freiheit leben. Das Volk war begeistert. Bald jedoch entpuppte er sich als Diktator. Andersdenkende schaffte er aus dem Weg, sein Volk kontrollierte er und gegen den Rest der Welt schottete er sein Land ab. Nach dem Tod

Maos 1976 wurde schrittweise einiges gelockert, wodurch die Wirtschaft sehr schnell wachsen konnte. Allerdings mischt sich auch heute noch der Staat in das Privatleben der Bürger ein. Er kontrolliert zum Beispiel, welche Internetseiten und Sender man in China anschauen kann, welche Religion man ausüben und wie viele Kinder man bekommen darf.

Freitag
Bitte bewahre unsere Politiker davor, dass sie nicht nur an ihre Vorteile denken.

Samstag
Bitte gib den Politikern von China viel Weisheit, damit sie ihr Land gut und gerecht regieren können.

Sonntag
Ich bete für die Länder, in denen die Menschen unter der Regierung leiden. Bitte greif ein!

Die durch die Ming-Dynastie erweiterte chinesische Mauer ist über 9600 km lang und ein Meisterwerk, das man sogar aus dem Weltall sehen kann. Sie diente als Barriere und Schutz gegen die Feinde. Als »Zement« wurde ein Gemisch aus Kalk und Klebereis genommen – wusstest du, dass Reis ein guter Klebstoff ist?

CHINA

»Ni hao«

Vom Flughafen fährst du mit einem Shuttle-Bus direkt in das Zentrum von Peking: Was für eine Großstadt mit Hochhäusern, Läden, Hochstrassen und Hotels! Als du staunend an der Busscheibe klebst, spricht dich ein junger Mann an: »Ni hao! Bist du das erste Mal in China?« Er spricht etwas undeutlich, sodass du ihn erst beim zweiten Mal verstehst. »Ja. Aber ich hatte mir China viel ländlicher und primitiver vorgestellt.«

»Nun ja, zu den Olympischen Spielen, die 2008 in Peking stattgefunden haben, wurde viel gebaut und auf Vordermann gebracht. Aber auch sonst ist China ein aufstrebendes Land. Ich bin übrigens Liu Jiajun.«

»Ach so. Da hätte ich noch eine Frage – kennst du dich hier aus? Weißt du, wie ich am besten zu der ›**verbotenen Stadt**‹ komme? Und warum sie überhaupt verboten ist?« Jiajun lacht: »Na klar. Da müsstest du an der nächsten Haltestelle aussteigen und dann ...« Jiajun sieht dein verdutztes Gesicht und schaut auf die Uhr. »Weißt du was, ich habe noch zwei Stunden Zeit. Soll ich dich herumführen?« Das freut dich sehr: »Oh ja! Herzlichen Dank!«

»Das heißt auf chinesisch: ›xiexie‹«, fügt Jiajun hinzu. Dann fängt er an zu erzählen: »Die verbotene Stadt ist die größte Holzkonstruktion und Palastanlage der Welt. Früher wohnte der Kaiser und sein Gefolge darin. Für ›normale‹ Menschen war der Zutritt verboten. Diese ›Stadt‹ im Zentrum von Peking wurde ab 1406 in 14 Jahren aufgebaut und umfasst 1000 Gebäude und 9999 Zimmer.«

»Du kennst dich aber gut aus!«

»Tja, das lernt man doch in der Schule! Ich bin so froh, dass ich in die Schule gehen konnte.«

»Wieso?«

»Ich weiß nicht, ob du es schon gemerkt hast, ich bin hörgeschädigt. Das kam heraus, als ich mit drei Jahren noch nicht sprechen konnte und meine Eltern mich deshalb untersuchen ließen. Der Arzt eröffnete ihnen, dass ich sehr schlecht hören würde und dringend Hörgeräte und eine Therapie benötigte. Meine Eltern waren am Boden zerstört. Sie hatten kein Geld, um das alles zu bezahlen. Was würden die Nachbarn und die Verwandtschaft sagen über ein behindertes Kind...? Gott sei Dank vermittelte mir ein deutsches Ehepaar einen Paten. Er bezahlte die Gebühren für meine Hörgeräte und mein Sprachtraining. Nur dank dieser Hilfe konnte ich ganz schnell hören und sprechen lernen. Somit konnte ich eine normale Schule besuchen und meinen Abschluss machen. Mittlerweile lebe ich hier in Peking bei meinen Verwandten und arbeite in einer kleinen Firma. Ich bin so dankbar!«

Dienstag
Danke, dass nun auch mehr Arbeitsplätze für behinderte Menschen geschaffen werden.

Montag
Danke, himmlischer Vater, dass es in China moderne Großstädte gibt.

Wochenaktion:
Wie wäre es, wenn du dich mit behinderten Kindern zum Spielen verabreden würdest? Vielleicht kannst du ja auch in der Schule vorschlagen, eine gemeinsame Aktion mit Schülern aus der Sonderschule zu machen. Du wirst sehen, es sind echt tolle Menschen!

Mittwoch
Bitte hilf, dass behinderte Menschen nicht abschätzig angesehen und behandelt werden.

Donnerstag
Schenke den Eltern die Kraft und Liebe, ihr Kind so zu lieben wie es ist.

Drachen gelten in China als Glücksbringer.

Freitag
Danke für die Menschen, die sich für behinderte Menschen einsetzen und ihnen helfen.

Samstag
Ermögliche, dass behinderte Kinder gut gefördert werden können.

Sonntag
Ich bete für folgende Menschen, die etwas »anders« sind als alle anderen:...

Die »verbotene Stadt« wird streng bewacht.

Kennst du schon das Fingeralphabet?
Damit kann man Wörter buchstabieren. Gehörlose gebrauchen es zusätzlich zur Gebärdensprache, um Namen oder neue Begriffe zu buchstabieren.
Das Fingeralphabet findest du im Internet z.B. unter
www.code-knacker.de/fingeralphabet.htm

GLADYS AYLWARD

Gladys Aylward, eine Engländerin und nur 1,50m groß, hatte einen sehnlichen Wunsch: Sie wollte Missionarin in China werden. Die Missionsgesellschaft hatte jedoch Bedenken. Der Direktor rief Gladys zu sich und sagte: »Wir glauben nicht, dass Sie für den Missionsdienst in China geeignet sind. Ihre Noten lassen zu wünschen übrig. Außerdem ist man mit 30 Jahren schon zu alt, um die schwierige chinesische Sprache zu erlernen. Ich vermittle Ihnen aber hier gerne eine Stelle als Haushälterin.« Doch Gladys gab nicht auf. Sie war sich sicher, dass Gott sie in China als Missionarin gebrauchen möchte.

Als ihr zu Ohren kam, dass Missionarin Lawson in China dringend eine Mitarbeiterin benötigt, wusste Gladys, dass dies ihre Platzanweisung war. Zwei Jahre lang sparte sie ihren Verdienst als Haushälterin zusammen, um die Fahrkarte für die gefährliche Bahnfahrt durch das Kriegsgebiet nach China zu bezahlen.

Dank Gottes Hilfe und Bewahrung traf Gladys 1932 nach vierwöchiger Reise in der Stadt Yangcheng bei Miss Lawson ein. Dort betrieben die beiden Missionarinnen die »Herberge der sechsten Glückseligkeit«. Die Besonderheit dieser Herberge war, neben dem guten Essen und einem sauberen Schlafplatz, dass biblische Geschichten erzählt wurden.

Jedoch schon nach kurzer Zeit der Zusammenarbeit verstarb Miss Lawson und so war Gladys auf sich allein gestellt. Gott stand Gladys bei und schenkte ihr Kraft und Möglichkeiten, um ihren Dienst weiter tun zu können. Zum Beispiel ernannte der Mandarin (ähnlich einem Bundesminister) Gladys zur Fußprüferin. Früher wurden die Füße der chinesischen Mädchen zusammengeschnürt, sodass sie nicht wachsen konnten. Erwachsene Frauen hatten dadurch so kleine Füße wie Kinder. Dieser Brauch wurde trotz Verbot weiter durchgeführt. Gladys sollte die unbeliebte Aufgabe übernehmen, immer wieder die umliegenden Dörfer zu besuchen. Sie sollte Eltern davon abzubringen, die Füße ihrer Töchter einzuschnüren. Auf diese Weise bekam Gladys Kontakt zu vielen Menschen und erzählte bei jedem Besuch biblische Geschichten.

Auch als ein Tumult im Gefängnis ausbrach, wurde Gladys gerufen, um die aufgebrachten Häftlinge zu besänftigen. Die Chinesen, die Gladys anfangs als fremden Teufel bezeichnet hatten, spürten bald, dass diese Frau den wahren Gott kannte. Ein lebendiger, mächtiger Gott, der Gladys Kraft und Gelingen schenkte. Die größte und schwierigste Herausforderung kam für Gladys, als der Krieg zwischen China und Japan ausbrach und die japanischen Soldaten Yangcheng angriffen. Die Missionarin hatte bereits einige Waisenkinder bei sich aufgenommen. Durch die Kriegswirren suchten immer mehr Kinder bei ihr Zuflucht. 1940 eskalierte die Situation, sodass Gladys beschloss, mit ihren 100 Waisenkinder über die Berge in die benachbarte Provinz zu fliehen. Wochenlang war sie mit ihnen zu Fuß unterwegs. Sie erlebten Hunger, Durst, Kälte, hoffnungslose Situationen und Angst vor den herannahenden Feinden - aber Gott hielt seine schützende Hand über sie, sodass alle Kinder mit Gladys wohlbehalten an ihrem Ziel ankamen.

Gott hat Gladys zu einem großen Segen für die Chinesen werden lassen, obwohl sie nach menschlichem Ermessen für diesen Missionsauftrag ungeeignet schien. Ist das nicht großartig?

SAUDI-ARABIEN

Auf dem Weg durch die Wüste braucht man einen guten Kopfschutz. Diryah – die e█ malige Haupts█

Aus dem ehemaligen Kaiserreich China geht es nun in das Königreich Saudi Arabien. Es wird von der Königsfamilie Al Saud regiert. Das wahre Sagen in diesem Staat hat allerdings die Religion des Islam. Dies kann man unschwer auf der **Nationalflagge** erkennen: grüner Hintergrund (Farbe des Propheten Mohammed), die Shahada (Glaubensbekenntnis des Islam) und das Schwert als Zeichen von Rechtschaffenheit und Gerechtigkeit. In Saudi Arabien liegen die zwei heiligsten Orte für die Muslime: **Mekka** und **Medina.** Nach islamischer Überlieferung hat in Mekka Abraham mit seinem Sohn Ismael gelebt. **Ismael** gilt als Stammvater der Araber und hat somit eine wichtige Bedeutung. Außerdem ist Mekka die Geburtsstadt des islamischen Religionsstifters **Mohammed**, der dort durch eine Offenbarung den Koran niedergeschrieben haben soll. 622 musste er jedoch nach Medina fliehen und begann dort die islamische Lehre zu verkünden. Bis heute ist das Betreten dieser beiden Städte für Nicht-Muslime traditionell verboten. Dafür kommen jedes Jahr etwa zwei Millionen muslimische Pilger nach Mekka.

Das zum großen Teil eher karge bergige Hochland Saudi Arabiens verfügt weder über Flüsse noch über Seen. Somit ist es ein sehr trockenes Land. An manchen Tagen kann es Temperaturen bis zu 50° haben. In manchen Nächten jedoch sinkt

Montag
Himmlischer Vater, danke für das Erdöl. Auch wir profitieren davon.

Dienstag
Bitte hilf, dass wir lernen, von dem was wir haben, auch anderen abzugeben.

Mittwoch
Es macht mich traurig, dass im Islam nicht Du, lieber Vater, sondern Allah angebetet wird.

Donnerstag
Bitte verhindere, dass Anschläge verübt werden, die viele Opfer fordern.

in Saudi Arabien tragen die Männer weiße Gewänder und Frauen schwarze Burkas (Kleid von Kopf bis Fuß).

Wochenaktion:
Andere Länder, andere Sitten.
Für ein gutes Miteinander soll-
te man wissen, wie man sich
benimmt. Informiere dich, was
man in Saudi Arabien tun oder
lassen sollte. Genauere Aus-
kunft bekommst du über das
Auswärtige Amt oder wenn du
im Internet in eine Suchma-
schine »Knigge Saudi Arabien«
eingibst.

die Temperatur durchaus auch mal unter den Gefrierpunkt. In diesem rauen Klima lebten früher zahlreiche **Beduinenstämme**. Erst 1932 gelang es Emir Abdal Aziz 2. ibn Saud, mit Unterstützung der islamisch fundamentalistischen Wahhabiten, alle Gebiete zu erobern und zu dem Staat Saudi Arabien zu vereinigen. Das anfangs arme Land wurde durch sein Eröl zu einem der reichsten Länder der Welt. Die Hauptstadt **Riad** entwickelte sich zu einer modernen Metropole. In der wichtigsten Exporthafenstadt Dschidda reihen sich an der Pracht-strasse Paläste und Hotels aneinander. Trotzdem findet man in diesen Städten weder ein Kino, noch ein Theater oder ein Alkoholgeschäft. Es gehört sich für einen vorbildlich islamischen Staat nicht. Das ganze Leben wird vom

Koran und der Scharia (Gesetz des Islam) bestimmt. Alles was gegen den Islam verstößt, ist verboten. Manche Bürger empfinden das zu eng und streben eine Lockerung der Gesetze an. Andere radikale islamische Gruppen versuchen durch Anschläge, das Land noch mehr von nichtmuslimischen Einflüssen zu befreien.

> **Wusstest du, dass in Saudi Arabien Männer und Frauen, die nicht miteinander verwandt sind, keinen persönlichen Kontakt haben dürfen? Deshalb sind Busse, Geschäfte oder Restaurants oftmals in Frauen- und Männerbereiche unterteilt.**

Freitag
Wir glauben, dass wir allein durch die Gnade Jesu, des Herrn, gerettet werden.
Apostelgeschichte 15,11

Samstag
Danke, für die Freiheit, die wir genießen können!

Sonntag
Lieber Vater, ich bete für die muslimischen Familien in meiner Umgebung. Bitte begegne ihnen!

Der Karawanenführer geht seinen Kamelen voran.

105

SAUDI-ARABIEN

Die Altstadt von Mekka, der »heiligen« Stadt.

Am Flughafen in Riad erwartet dich eine Überraschung. Eine Frau mit einem langen Gewand kommt auf dich zu und fragt: »Merhaba. Sag mal, hast du ein Visum für die Einreise? Saudi Arabien ist kein Touristenort. Man kommt hier nicht so leicht rein. Von wo kommst du eigentlich?«

»Ich komme aus Europa und bin gerade auf einer Gebetsreise.« »Gebet? Bist du Christ?« Du bist verunsichert: »Ja, ist das ein Problem?«

»Hier schon! Du weißt, dass du dich in einem islamischen Staat befindest? Es ist verboten eine andere Religion auszuüben. Es gibt hier kein einziges nichtislamisches Gebetshaus, keine Kirche oder dergleichen. Auch das Durchführen von Gottesdiensten, Taufen oder anderen religiösen Handlungen sind strikt verboten. Selbst für Ausländer. Missionare werden verfolgt, aus dem Lande verwiesen oder eingesperrt. Mit den härtesten Strafen müssen aber die einheimischen Muslime rechnen, die Christ geworden sind. Für den Abfall vom Islam stehen Folter, lebenslange Haft oder sogar die Todesstrafe. König Abdullah fördert zwar den interreligiösen Dialog, aber es gibt einfach viele radikale Muslime im Land, die sich streng an den Koran halten.«

»Das kann ich mir gar nicht vorstellen...«

»Dann erzähle ich dir Beispiele. Da war jener junge Mann, der auf wundersame Weise zu einer arabischen Bibel kam. Du musst wissen, man darf in dieses Land keine Bibel einführen. Entsprechende Internetseiten sind auch gesperrt. Als er in der Bibel las, stellte er fest: Dieser Jesus ist ganz anders, als er mir in der Moschee geschildert wurde. Er ist viel mehr als nur ein Prophet!«

Die Frau erzählt weiter: »Oder da war eine Studentin, die auf der Suche nach einem Sinn in ihrem Leben war. Dabei stieß sie im Internet auf christliche Foren und begann mit jungen Gläubigen zu diskutieren. Eines Tages verstand sie, dass Jesus die Antwort auf ihr Suchen ist. Ihm will sie nachfolgen. Doch gleichzeitig war ihr bewusst, dass dieser Schritt schwere Folgen haben wird. Ihre Eltern würden alles tun, um sie umzustimmen, falls sie davon erfahren sollten. Im Gebet mit ihren Freunden im Internet reifte ihr Entschluss, das Land zu verlassen. Aber wie? Eine Frau kann hier nur in Begleitung ihres Mannes oder eines Angehörigen reisen. Eine Heirat mit einem Christen würden sie niemals akzeptieren. Sie braucht wirklich Gebet, dass Gott eine Lösung schenkt!«

Nach diesen Worten schaust du der Frau in die Augen: »Sind sie auch ...?« Die

Montag
Himmlischer Vater, es bedrückt mich sehr, wenn ich von den verfolgten Christen höre.

Dienstag
Danke, dass Du Wege hast, um die Leute in Saudi Arabien zu erreichen.

Mittwoch
Herr, Du liebst jeden einzelnen Menschen auf dieser Welt. Auch die, die Dich nicht kennen!

»Merhaba«

In Saudi Arabien müssen die Frauen verschleiert sein.

Wochenaktion:
Ermutige verfolgte christliche Kinder durch eine Karte oder einen Gruß. Bitte einen Erwachsenen, dass er dir dabei hilft. Nähere Infos findest du im Internet unter www.opendoorsde.org (Klicke auf »aktiv-werden«, »schreiben« und dann auf »Kinderzufluchtszentrum«)

Donnerstag
Danke, dass Dein Wort wahr ist: »Suchet, so werdet ihr finden!«

Freitag
Bitte schenke den Christen, die verfolgt werden, Kraft und Mut, zu Dir zu stehen.

Samstag
Lieber Vater, gib Deinen Kindern, was sie heute brauchen.

Sonntag
Ich bitte Dich für den Mut, offen zu Dir zu stehen, auch wenn die anderen das doof finden.

Frau flüstert: »Ja, ich bin Christin. Aber es darf niemand etwas davon merken, sonst ...« Sie stockt: »Bitte bete für mein Land, für meine Landsleute - wir haben ein so reiches Land und doch sind viele so unglücklich. Manchmal fühlt man sich vor lauter Verboten wie in einem Gefängnis. Bitte bete auch für uns Christen, die wir unseren Glauben nicht offen ausüben können.«

Die meisten Menschen, die wegen ihres Glaubens verfolgt werden, sind Christen. Die Zahl beläuft sich auf etwa 100 Millionen in über 50 Ländern. Am schlimmsten ist die Christenverfolgung in den Ländern Nordkorea, Iran, Saudi-Arabien, Somalia und den Malediven.

107

ISRAEL

»Shalom«

Blick auf die Altstadt Jerusal

Bei der Einreise fragt der israelische Grenzbeamte: »Wo kommst du her?« »Aus Saudi-Arabien.« Er fragt weiter: »Warum warst du dort? Kennst du dort jemanden? Hat dir jemand etwas mitgegeben? Was führt dich nach Israel?« Eine Frage jagt die andere - wie bei einem Verhör. Du sagst: »Nein, nein - ich kam dort gar nicht in das Land hinein! Mein Aufenthalt beschränkte sich auf die Flughalle.« Als du endlich als »ungefährlich« eingestuft wirst, erklärt der junge Mann: »Wir sind bei unseren arabischen Nachbarn nicht sehr beliebt. Deshalb müssen wir unsere Grenzen besonders gut bewachen. Entschuldigung für die Unannehmlichkeiten und einen guten Aufenthalt im heiligen Land!«

»שלום Schalom!«, hörst du plötzlich eine fröhliche Stimme neben dir sagen: »Hast du alles? Dann lass uns losfahren!« Als du das Straßenschild mit dem Ortsnamen Jerusalem siehst, realisierst du, dass

du im Land der Bibel bist. Der nette alte Mann, der dich abholte, heißt Jakob und kennt sich bestens in der Geschichte der Juden aus: »Kannst du dir vorstellen, dass Israel sehr lange Zeit gar nicht existierte? Im Jahr 135 n. Chr. hatten die Juden die Nase davon voll, dass die Römer ihr Land besetzten und sie unterdrückten. Sie machten einen Aufstand. Doch dieser wurde niedergeschlagen und die Juden weltweit verstreut. Ihr Land benannte man um in Palästina. Mit der Zeit eroberten und bewohnten Araber dieses Gebiet. Seitdem wiederholen sich Kriege und Konflikte um dieses Land.«

Du fragst: »Bist du in Israel geboren?« »Nein, nein. Damals gab es diesen Staat noch nicht. Wir lebten als Juden in Deutschland. Als ich zehn Jahre alt war, brach der Zweite Weltkrieg aus. Meine Eltern bekamen mit, dass immer mehr Juden abtransportiert wurden. Sie hatten Angst um uns Kinder. So setzten sie mich mit mei-

Montag
Lieber Vater, vielen Dank, dass es die Juden gibt und dass sie wieder eine Heimat haben.

An der Klagemauer verrichten die Juden ihre Gebete, links die Männer, rechts die Frauen.

Dienstag
Danke, dass wir durch die Bibel so viel von der Geschichte Israels und von Dir lernen können.

Mittwoch
Danke, Jesus, dass Du auf diese Welt gekommen bist und als Jude gelebt und gewirkt hast.

Donnerst
Bitte kümmere D besonders die Holocau überlebend die die gra samen Zeit überlebt haben.

Wüste von Massada.   **Berlin auf hebräisch.**

Wochenaktion:
Gibt es in deiner Nähe Omas und Opas oder gar ein Altersheim? Besuche eine alte Person und lass dir von früher erzählen. Das ist sicherlich spannend!

Sonntag
Ich bitte Dich für den Schutz und die Hilfe für die Omas und Opas, die ich kenne:...

ne Schwester in einen Zug nach Holland. Kurz vor der Grenze stiegen Schulkinder in den Zug, die auf ihrem Heimweg waren. Wir setzten uns zu ihnen. Als die Grenzwachen hereinkamen, dachten sie, wir gehörten zu den Schulkindern. Sie kontrollierten uns nicht. Sonst hätten sie uns sicher wieder zurückgeschickt.« Nach einer kurzen Pause erzählt er weiter: »In Amsterdam kamen meine Schwester und ich in ein Kinderheim. Nach einer Zeit hörte ich, dass meine Eltern in einem Konzentrationslager umgekommen waren. Auch wir wurden nicht verschont. Hitler, der damals in Deutschland an der Macht war, wollte die Juden ausrotten. Für diesen teuflischen Plan durchsuchten seine Soldaten das ganze Land nach Juden. Wer gefunden wurde, kam in eines der Konzentrationslager. Dort musste man unter miserablen Bedingungen arbeiten. Unzählige wurden auch umgebracht. Mich erwischten sie auch. Es war eine furchtbare Zeit. Doch irgendwie habe ich als Einziger aus unserer Familie überlebt und kam frei.« Jakob muss kurz schlucken, dann sagt er: »Der Ende 1947 erreichte mich die Nachricht, dass Palästina in einen jüdischen und arabischen Staat aufgeteilt werden würde. Die Juden sollten offiziell wieder eine Heimat haben. Unsere Freude war unermesslich, doch die Araber lehnten diese Idee ab. Der Staat Israel wurde 1948 trotzdem gegründet. Dies hatte zur Folge, dass noch am selben Tag Ägypten, Saudi-Arabien, Jordanien, Libanon, Irak und Syrien dem neuen Staat Israel den Krieg erklärten. Es ist ein Wunder, dass Israel diese Angriffe überlebt hat. Seither kam es zu sechs Kriegen und unzähligen militärischen Auseinandersetzungen. Dabei sehnen wir uns doch alle nach Schalom (Frieden), mit dem wir uns auf hebräisch begrüßen.«

Freitag
Es tut mir Leid, dass ich manchmal schlecht über Ausländer denke. Ich möchte das nicht!

Samstag
Gib mir die Kraft, dass ich gegen Ungerechtigkeit in meiner Klasse einstehen kann.

Arabische Einwohner in Israel.

Das Anfeinden und Verachten von Juden hat in Europa eine lange Tradition. Oft wurden ihnen schlechte Eigenschaften oder ein komisches Aussehen nachgesagt. Die Judenfeindlichkeit gipfelte schließlich in dem Holocaust, der Vernichtung von rund sechs Millionen Juden unter Hitler. Unfassbar, wohin Anfeindung und Hass führt!

ISRAEL

Johnny und Marlene, die Leiter von Beit al Liqa'.

Stadtmitte von Bethlehem.

Auf der Fahrt durch Israel kommst du durch karge Landschaften, Wüsten, grüne Oasen und biblische Städte. Jerusalem ist dabei die religiös bedeutendste Stadt. Sie wurde von König David erobert und zur Hauptstadt gemacht. König Salomo baute hier den ersten Tempel für Gott. Jesus wurde in dieser Stadt gekreuzigt, ist auferstanden und in den Himmel aufgefahren. Auch die Muslime sagen, dass die nächtliche Reise und Himmelfahrt vom Propheten Mohammed hier stattgefunden hätte. So war diese Stadt Jerusalem der Auslöser für zahlreiche Kriege zwischen Juden, Christen und Muslimen. Mittlerweile wurde die Stadt unter ihnen aufgeteilt.

Plötzlich erklärt dir Jakob: »Wir sind an der Grenze. Du musst nun in das arabische Taxi dort drüben umsteigen, um nach **Bethlehem** zu kommen. Hier kann ich als Jude nicht ohne weiteres hinein, da es palästinensisches Gebiet ist. Also, תוארתהל lehitraut (Auf Wiedersehen)!«

Über die Grenze geht es zu der »palästinensischen Insel« Bethlehem - umringt von Israel. Dein Ziel ist die Stadt Beit Jala. Dort befindet sich nämlich das **Beit Al Liqa'** - ein christliches Schulungs- und Freizeitzentrum.

Die Leiter Johnny und Marlene begrüßen dich herzlich: »Salam! Herzlich willkommen im Haus der Begegnung mit dem lebendigen Gott!« Du antwortest: »Na, das hört sich gut an. Ehrlich gesagt machen mir die ganzen Mauern, Zäune und bewaffneten Soldaten ja schon etwas Angst.«

Marlene lächelt verständnisvoll: »Das stimmt. Die jahrelange kriegerische Auseinandersetzung hat auch die Menschen hier mürbe gemacht. Deshalb wollen wir ganz bewusst mitten in dieser Problematik eine Oase des Friedens sein. Jung und alt sollen aufatmen können. Dazu bieten wir einen großen Garten und Spielmöglichkeiten, Sportprogramme, Ausflüge, Kinderfreizeiten, einen Kinderhort, ein

Montag
Himmlischer Vater, danke für Dein Wirken in der Stadt Jerusalem.

Dienstag
Hilf uns einander zu lieben, anstatt einander zu bekämpfen.

Mittwoch
Danke für den Schutz beim Bau von Beit Al Liqa' während des Krieges.

Der See Genezareth.

Lage zwischen Juden und [Palä]stinensern ist immer [noc]h angespannt.

Donnerstag

Wie wunderbar, dass dieses Haus zur Oase und Begegnungsstätte mit Dir geworden ist.

Das Haus zur Ehre Gottes (Hauptgebäude von Beit Al Liqa').

Wochenaktion:

Führe mit deinen Freunden eine Sponsoren-Müllsammelaktion durch! Dazu müsst ihr zuerst Sponsoren finden, die bereit sind, für jedes Kilo aufgesammelten Müll z.B. 3 Euro zu bezahlen. Erzählt ihnen, dass dieses Geld der Arbeit von Beit Al Liqa' zugute kommt. Nachdem ihr den Müll eingesammelt habt, wird er gewogen und dementsprechend von den Sponsoren »bezahlt«. Dieses Geld könnt ihr dann an Beit Al Liqa' spenden. Nähere Informationen auf Seite 136.

Gästehaus und zahlreiche Veranstaltungen an. Für viele Palästinenser, die dieses Gebiet nicht verlassen dürfen, ist Beit Al Liqa' die einzig erreichbare ›Urlaubsinsel‹.«

Du wunderst dich: »Wie kamt ihr denn auf die Idee, so ein Haus zu bauen?«

Jetzt erzählt Johhny weiter: »1996 begann die Arbeit des Beit Al Liqa' in gemieteten Räumen in Beit Jala. Was ursprünglich als Teestube gedacht war, wuchs in wenigen Jahren und brauchte mehr Platz. Im Jahr 2000 konnten wir ein großes Grundstück im Herzen der Stadt kaufen. In einer politisch unruhigen Zeit begann der Bau des vierstöckigen Gebäudes. Entgegen aller Vernunft gab Gott mir den Auftrag, mitten im Krieg ein Haus zu bauen. Ich habe einfach nur getan, was Gott von mir verlangt hat. Er ließ es gelingen. In einem Jahr mit 168 Tagen Ausgangssperre entstand wie durch ein Wunder ein Haus zur Ehre Gottes. Es soll ein Ort der **Gemeinschaft** sein, an dem **Gottes Wort im Mittelpunkt** steht. Wir möchten Kinder zum Frieden erziehen, junge Menschen auf ihrem Weg ins Leben begleiten und versuchen, den Menschen in ihren Bedürfnissen, Problemen und Fragen zu helfen. Echt wunderbar, wie Gott Beit Al Liqa' zum Segen für viele werden lässt. In Beit Jala nennt man das Zentrum inzwischen liebevoll ›die Seele der Stadt‹.«

Ein alter Olivenbaum.

Freitag

Herr, bitte hilf den Mitarbeitern und gebrauche sie, damit die Palästinenser Deine Liebe erfahren.

Samstag

Lieber Vater, gib den Juden und Palästinensern ein friedvolles Miteinander.

Sonntag

Erbarme Dich über die Kinder, die im Krieg, in Angst, Unsicherheit und zwischen Mauern aufwachsen!

> Die Ausgangssperre ist eine Art Hausarrest für die ganze Stadt - ein Verbot, öffentliche Strassen oder Plätze zu betreten. So etwas wird verordnet, wenn eine Situation durch Aufstände, Krieg oder ansteckende Krankheiten außer Kontrolle gerät.

MOLDAWIEN

**Die Freude der Kinder ist riesig, wenn sie die Gesch...
der Hoffnung bekommen.**

Auf dem Flughafen von Tel Aviv gehst du wieder durch strenge Kontrollen. Fragen, Koffer durchsuchen, Körperkontrolle. Endlich bist du durch. In der Wartehalle schaust du, wie du deine letzten Schekel loswerden kannst. Du kaufst etwas zu trinken und setzt dich an den letzten freien Tisch. »Entschuldigung, dürfte ich mich dazusetzen?«, erkundigt sich eine junge Frau. Du antwortest: »Natürlich!« Sie schaut dich munter an und fragt: »Wo geht es denn hin?«

»Nach Mo... Mo... «, dir fällt beim besten Willen der Name nicht mehr ein. »Also, **es ist in Europa** und heißt Mo...« Sie versucht dir zu helfen: »Moldawien? Da war ich auch schon! Das war so beeindruckend! Wir hatten bei der Aktion ›**Weihnachten im Schuhkarton**‹ mitgemacht.

Montag
Danke, dass unsere Schule im Winter geheizt ist und wir Toiletten mit Wasserspülung haben.

Dienstag
Himmlischer Vater, danke, dass die moldawischen Kinder beschenkt werden konnten.

Mittwoch
Herr, hilf mir zu sehen, wo andere Not leiden und meine Hilfe brauchen.

Hast du schon davon gehört?« »Packt man da nicht ein tolles Schuhkarton-Päckchen als Weihnachtsgeschenk für Kinder, die sehr arm sind?«

»Ja, genau! Und ich war beim Verteilen der Päckchen dabei sein. Vor Ort wartete der Verantwortliche der Kirche und erklärte uns die Situation. Sie wissen einfach am besten Bescheid, wo die Not am größten ist. Wenn es erlaubt war, wurde in der Schule eine kleine Weihnachtsfeier veranstaltet und die Geschichte von der Geburt Jesu erzählt. Danach bekam jedes Kind sein Päckchen. Mir wurde ganz neu bewusst, dass Jesus in ärmlichen Verhältnissen geboren wurde. Wegen uns hat er freiwillig den Himmel verlassen! Damit hat er uns seine große Liebe gezeigt. Und genau diese Liebe wollen wir im Zeichen eines Geschenkes an die Kinder weitergeben.«

Sie erzählt weiter: »Bereits die Fahrt zu den Verteilorten war ein Erlebnis! Der einheimische Fahrer war nämlich auf den Schneestraßen mit Sommerreifen unterwegs. Dazu kam noch, dass die Heizung nicht funktionierte und so froren die Scheiben von außen wie von innen völlig zu. Wir benutzten unsere Versicherungskarten, um die Scheiben freizukratzen. In einer Schule zeigte das Thermometer in der Aula -20° an. Der Wind pfiff durch die Fensterritzen und man konnte vor lauter Eisblumen nicht nach draußen schauen. Fließend Wasser gab es nicht und die Schultoiletten waren Plumpsklos. Doch die Freude der Kinder war grenzenlos. Sie haben sich über Farbstifte, Malbuch, Schokolade, Bonbons, warme Handschu-

Auf den eisglatten Straßen Moldawiens unterwegs.

Wochenaktion:
Mach doch auch bei der Aktion »Weihnachten im Schuhkarton« mit. Abgabeschluss ist immer der 15. November. Vielleicht machen ja auch deine Freunde mit? Nähere Informationen erhältst du unter:
www.geschenke-der-hoffnung.org

he, Socken und so weiter riesig gefreut. Die Kinder durften sich auch ein Heftchen mit einer biblischen Geschichte mitnehmen. Die strahlenden Kinderaugen voller Hoffnung und Dankbarkeit werde ich wohl nie vergessen.«

Sie macht eine kurze Pause und sagt dann: »Ich bin Gott so dankbar, dass ich dabei sein konnte. Mütter brachen über die Geschenke für ihre Kinder in Freudentränen aus. Eine alte Frau sagte zu mir sogar: ›Du bist ein Engel für mich!‹ So etwas geht echt unter die Haut!«

Eure Unterhaltung wird durch eine Durchsage unterbrochen. Die Frau steht auf und sagt: »Oh, ich muss gehen. Dir noch einen guten Weiterflug!« In diesem Augenblick fällt dir wieder ein: »Mein nächstes Ziel ist ja Moskau!« Doch da war die nette Frau schon verschwunden.

Bei der Aktion ›Weihnachten im Schuhkarton‹ kannst auch du mitmachen.«

Donnerstag
Tröste die vielen Waisenkinder, die ohne ihre Mama und ihren Papa aufwachsen müssen.

Samstag
Schenke, dass viele Kinder durch die Aktion »Weihnachten im Schuhkarton« Freude erleben und Dir begegnen.

Freitag
Danke, Jesus, dass Du Mensch wurdest und auf diese Erde kamst. Welch wunderbares Geschenk!

Sonntag
Ich befehle Dir unseren Pfarrer an, dass er Dein Wort verständlich weitergeben kann:...

Weißt du, was ein Euro-Waisenkind ist? Es sind Kinder, deren Eltern in anderen europäischen Ländern arbeiten und ihre Kinder zurückgelassen haben. Auch in Moldawien gibt es viele solcher Euro-Waisenkinder.

113

ZEHN BESONDERHEITEN VON EUROPA:

Der Kontinent Europa grenzt im Osten in einer Länge von 3.500 km (entlang des Uralgebirges, dem Kaspischen Meer und durch das Schwarze Meer) an Asien. Eigentlich müsste man ihn eher als eine große Halbinsel bezeichnen. Darum spricht man bei Europa vom Subkontinent, der mit Asien zusammen den riesigen Kontinent Eurasien bildet. Doch da sich Europa durch seine Geschichte und die Kulturen so sehr von dem Rest Asiens unterscheidet, zählt man Europa mittlerweile als eigenen Kontinent.

Der Name entstand aus dem assyrischen Wort »ereb«. Übersetzt bedeutet das: »Die Abenddämmerung« oder »Das Land der untergehenden Sonne«. Die Alten Griechen änderten den Namen dann in »Europe«.

Der Erdteil Europa hat die meisten Inseln und Halbinseln. Sie machen fast ein Drittel der gesamten Fläche aus. Außerdem ist er der flachste Kontinent und besteht einschließlich der europäischen Teile von Russland und der Türkei aus 45 Ländern! In welchen dieser Länder du wohl schon warst?

Montag
Himmlischer Vater, vielen Dank für die vielen unterschiedlichen Länder, die es in Europa gibt!

Dienstag
Danke, dass wir ohne Probleme über die Grenzen in unsere Nachbarländer fahren können.

Mittwoch
Großer Gott, danke für den Frieden, der in Europa herrscht!

Donnerstag
Danke für den Buchdruck. So können wir uns Bibeln und Bücher kaufen und lesen.

1. Das **größte Land** ist Russland mit 17 075 200 km², davon 3 955 818 km² im europäischen Teil

2. Das **kleinste Land** ist die Vatikanstadt in Italien mit 0,45 km². Hier wohnt der Papst und es ist der einzige Staat der Welt, in dem als offizielle Amtssprache (neben Italienisch) noch Latein gesprochen wird.

3. Der **höchste Berg** heißt Montblanc (in Frankreich) und hat eine Höhe von 4807 Metern. Nun ja, eigentlich ist der Elbrus (im Kaukasus, Russland) mit 5633 Meter höher. Aber letzterer liegt eben halb auf dem europäischen und halb auf dem asiatischen Kontinent.

4. Der **längste Fluss** ist die Wolga in Russland. Sie entspringt bei Moskau und mündet nach 3530 km schließlich im Kaspischen Meer.

5. Die **wichtigsten Sprachen** sind Englisch, Französisch, Deutsch, Spanisch, Italienisch und Russisch.

Wochenaktion:
Über Europa gibt es noch viel mehr zu entdecken. Informiere dich über deinen Kontinent.
Tipp: www.kindernetz.de
Gib unter »Suche« das Stichwort »Europa« ein.

Samstag

Gnädiger Gott, verzeih das Unrecht, das in der Geschichte Europas geschah!

Freitag

Treuer Gott, danke für all die Erfindungen, die uns das Leben leichter machen.

Sonntag

Ich danke Dir für die europäischen Länder, die ich bereits besucht habe.

6. Das **älteste gedruckte Buch** ist die Gutenberg-Bibel. Sie wurde 1454 fertiggestellt und nach dem Buchdruckerfinder Johannes Gutenberg benannt. Heute kann man einige dieser kostbaren Exemplare in Museen bestaunen.

7. Die **größte Insel** ist Großbritannien mit 216 325 km².

8. Der **längste Eisenbahntunnel** ist der Eurotunnel und erstreckt sich über 50 km. Er befindet sich im Ärmelkanal (unter dem Meer) und verbindet England und Frankreich!

9. Die **meisten technischen Erfindungen** der Neuzeit, wie Dampfmaschinen, Autos, Fernseher oder Taschenuhren, gingen von Europa aus. Die Eröffnung von Fabriken, in denen man mit Hilfe von Maschinen Produkte in großen Mengen herstellen konnte, läutete ein neues Zeitalter ein.

10. **Europa ist der einzige Erdteil**, in dem die Zahl der Christen abnimmt. Bislang bezeichnen sich noch 70% der Europäer als Christen. Sie gehören vor allem zu der katholischen, evangelischen oder orthodoxen Kirche.

WARUM GIBT ES DIE EVANGELISCHE KIRCHE?

Bis 1517 gab es im Westen Europas nur die katholische Kirche. Auch der Mönch Martin Luther diente in dieser Kirche. Er forschte sehr viel in der Bibel, die es bis zu diesem Zeitpunkt nur auf lateinisch gab. Übrigens fanden auch die Gottesdienste in lateinischer Sprache statt. Die meisten Kirchenbesucher konnten aber gar nicht verstehen, was da gesagt, gesungen oder gepredigt wurde.

Luther setzte sich mit der Lehre und den Praktiken der Kirche auseinander. Zum Beispiel konnte man sich mit Geld einen

»Ablassbrief« kaufen, um sich seine Sünden vergeben zu lassen. Die Bibel sagt jedoch, dass Jesus bereits durch seinen Tod für alle Sünden »bezahlt« hat (1.Petrus 1,18-19).

Statue von Martin Luther.

Schwestern in ihrer traditionellen Tracht.

»Wer an IHN glaubt, bekommt das ewige Leben« (Johannes 3,16). Wer um Vergebung seiner Schuld bittet, dem vergibt er. Aus diesem Grunde wollte Luther die Kirche erneuern. Er übersetzte die Bibel ins Deutsche. Nun konnte jeder selbst die Botschaft von Gott nachlesen.

Die katholische Kirche schloss jedoch ihn und seine Freunde aus ihrer Gemeinschaft aus. Aus denen, die sich Luther anschlossen, entstand die evangelische Kirche. Leider führte die Auseinandersetzung zwischen der katholischen und evangelischen Kirche zu viel Streit und sogar zu Kriegen.

Übrigens, der Name evangelisch kommt von den Evangelien, das sind die Bücher in der Bibel, welche die Geschichten von Jesus erzählen.

Dies sind einige Unterschiede und Gemeinsamkeiten der katholischen und evangelischen Kirche:

katholisch	gemeinsam	evangelisch
	Gebete	
	Jesus Christus ist der von Gott gesandte Erlöser der Menschen.	
	Gott der Vater, Sohn (Jesus Christus) und Heiliger Geist sind eins.	
	Zehn Gebote	
	Glaubensbekenntnis	
	Weihnachten, Ostern, Pfingsten	
Sieben Sakramente Taufe, Abendmahl, Firmung, Buße, Krankensalbung, Ehe, Priesterweihe	Taufe, Abendmahl	**Zwei Sakramente** Taufe, Abendmahl
Kommunion, Firmung Beichte Bekennen seiner Sünden beim Priester		Konfirmation Beichte meistens im persönlichen Gebet
Priester mit Zölibat dürfen nicht heiraten		Pfarrer dürfen heiraten
Der Papst ist der weltweite Leiter der katholischen Kirche		Die Synoden und von ihr gewählte Bischöfe leiten die evangelischen Kirchen
Gebete zu Maria (Mutter von Jesus) und Heiligen (besondere Menschen, die heilig gesprochen wurden)		Gebete nur zu Gott
Es gilt die Bibel (Altes und Neues Testament) und zusätzliche Schriften, sowie die Traditionen der Kirche		Es gilt nur die Bibel (Altes und Neues Testament)

EUROPA

In Europa kann man noch viele römische Bauwerke und Spuren entdecken.

Wenn man die Weltgeschichte betrachtet, waren die Europäer oft diejenigen, die andere Länder eroberten, unterwarfen und somit große (Welt-) Reiche errichteten. Dies gelang, weil die europäischen Länder über viel Wissen und fortschrittliche Techniken verfügten (zum Beispiel beim Waffen- oder Schiffbau). So waren es zuerst die Kelten, die ihr großes Reich errichteten, dann die Griechen (deren Einfluss sogar bis Indien reichte). Später kamen dann die Römer, von denen man auch heute noch in deutschen Städten Spuren sieht, und so ging es weiter. Oft prägten der Wettstreit um das größte Land und die größte Macht die europäische Geschichte. So kam es zu vielen Schlachten, entweder untereinander oder gegen andere Länder der Welt. All dies gipfelte in den zwei Weltkriegen, die sehr viele Opfer forderten, viele Menschen in Leid stürzten und schlimme Folgen hatten.

Nach solch furchtbaren Kriegen war man sich einig, dass die Länder nicht gegen-

Bevor die Soldaten in den Krieg zogen, gab es oftmals noch ein Gruppenfoto. Oft wurde es leider ihr letztes Foto.

einander, sondern miteinander arbeiten möchten. Dies wird auch mehr und mehr angestrebt.

Vielleicht hast du schon einmal von der Europäischen Union (abgekürzt: EU) gehört. 1992 unterschrieben zwölf europäische Staaten den Vertrag, dass sie ein gemeinsames Parlament haben möchten. Dort werden Gesetze beschlossen, die für all diese EU-Länder und deren Bürger gelten. Mittlerweile sind 27 Länder Mitglied der EU. Das vereinfacht es, untereinander Handel zu treiben oder in ein anderes EU-Land umzuziehen.

17 der europäischen Länder haben sogar eine gemeinsame Währung - den Euro. Wenn du also in ein anderes Euro-Land fährst, musst du gar kein Geld mehr umtauschen. Das ist sehr praktisch!

Dienstag
Hilf uns das zu tun, was Du sagst, denn das ist am Allerbesten!

Montag
Himmlischer Vater, bitte bewahre uns vor Kriegen.

Donnerstag
Danke, dass ich auch in anderen Ländern einfach mit Euros bezahlen kann.

Mittwoch
Schenke, dass ich Frieden mit anderen halten kann.

Egal ob du lieber das Meer oder die Berge magst, in Europa findest du beides.

Wochenaktion:
Gehe auf Leute zu, die eine andere Sprache sprechen und lass dir von ihnen Wörter oder Sätze in ihrer Sprache beibringen.

Gemeinsam sind wir stark?!

Auf eine gemeinsame Sprache hat man sich jedoch noch nicht geeinigt. So bleibt das Fremdsprachen lernen weiterhin Pflicht in der Schule. Nun ja, wenn wenigstens die Schrift gleich wäre... Neben dem lateinischen wird in Europa auch das kyrillische und griechische Alphabet verwendet.

a b c d e f g h i j k l m n o p q r s t u v w x y z

αβχδεφγηιφκλμνοπθρστυϖωξψζ

ФИСВУ АПРШОЛД БТЩЗЙКЕГ МЦ ЧНЯ

Russisch	Spanisch	Französisch	Englisch	Deutsch
приве́т (priwjet)	hola	bonjour	hello	
спаси́бо (spasibo)	gracias	merci	thank you	
извиня́ть (iswinjatb)	perdón	pardon	sorry	
пока́! (poka)	adiós	salut	bye	

Freitag
Danke für die Vielfalt der Sprachen. Sie sind so interessant, wenn sie auch schwer zu lernen sind.

Auflösung auf Seite 138

Samstag
Danke für die Dolmetscher und Übersetzer, die im Europäischen Parlament arbeiten.

Sonntag
Bitte hilf meinen Mitschülern, die sich schwer tun, andere Sprachen zu lernen: ...

RUSSLAND

Russland ist das größte Land der Erde und erstreckt sich über 11 Zeitzonen hinweg. In Moskau scheint die Sonne von Oktober bis März nur durchschnittlich 15 Minuten am Tag. Der Schnee kann bis zu fünf Monaten liegen bleiben. Von Westen nach Osten dehnt es sich über fast 10 000 Kilometer aus. Diese Strecke (9900 km) zwischen Wladiwostok und Moskau kann man auch mit der Transsibirischen Eisenbahn in rund 165 Stunden zurücklegen. Übrigens ist dies auch die längste Eisenbahnstrecke der Welt.

Durch die Größe des Landes gibt es natürlich die unterschiedlichsten Regionen und Tiere: Es gibt die (Kälte-)Wüsten, in denen fast nichts wächst. Dort sind die Polarbären und im Meer die Belugawale zu Hause. Die Tundra, in der man den Bo-

Die Eurasische Grenze. **Die Frauen in Russland sind sehr modisch!**

den fast immer gefroren vorfindet, beheimatet Rentiere, Lemminge und Schnee-Eulen. In den großen Nadelwäldern und Mooren der Taiga leben Elche, Bären, Wölfe sowie Nerze. Da fast die Hälfte des ganzen Landes bewaldet ist, haben die Tiere einen sehr guten Lebensraum.

Doch Russland hat nicht nur einen Reichtum an Tieren, sondern auch die meisten Bodenschätze der Welt. Dazu zählen Erdöl, Erdgas, Kohle, Gold, Diamanten, Holz und vieles mehr. Viele »Schätze« machen dich normalerweise zu einem Reichen. So kam Russland wahrscheinlich auch über die mittelalterliche Bezeichnung von »Reicher«, nämlich »Rus«, zu seinem Landesnamen.

In **Moskau**, der Hauptstadt dieses Landes, macht dein Flugzeug einen Zwischenstopp. Alle steigen aus. Doch du bist eingeschlafen. Plötzlich rüttelt dich eine Flugbegleiterin wach und sagt ärgerlich: »Was machst du denn noch hier? Du musst aussteigen. Keiner darf hier bleiben, solange das Flugzeug betankt wird.« Ganz verdutzt gehst du zur Wartehalle. Als du auf einem freien Stuhl Platz nimmst, kommen dir die Tränen. Ein net-

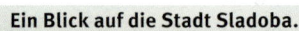

Ein Blick auf die Stadt Sladoba.

Montag
Himmlischer Vater, Du bist mein kostbarer Schatz, Du bedeutest mir mehr als Gold und Silber!
Hiob 22,25

Dienstag
Ich freue mich über Dein Wort wie jemand, der einen wertvollen Schatz findet.
Psalm 119, 162

Mittwoch
Danke für das große Russland mit den vielen Tieren, Bodenschätzen und gastfreundlichen Leuten.

Wochenaktion:
Geh mit Oleg und Vera nach Moskau auf eine kleine Stadtbesichtigung. Da gibt es spannende Sachen zu entdecken! Diese Sendung kannst du im Internet ansehen. Geh dazu auf www.wdr.de, gebe unter Suche »Ein Ah! geht um die Welt« ein und klicke das webTV Kästchen an.

Donnerstag
Bitte hilf mir auch gastfreundlich zu meinem Mitmenschen zu sein.

Die Eisstädtchen sind DIE Attraktion im Winter.

Gottesdienst in einer russlanddeutschen Gemeinde.

Freitag
Danke, himmlischer Vater, dass Du uns Schätze gibst, die die Erde nicht bieten kann.

ter Herr reicht dir ein Taschentuch und erkundigt sich auf deutsch: »Kann ich dir helfen?« Du erzählst ihm, was vorgefallen ist und fragst: »Warum hat mich die Frau denn so angeschrien?« Er überlegt kurz: »Wahrscheinlich hat sich das Russisch für dich etwas hart angehört, aber sie hat es nicht böse gemeint. Vielleicht wirken die Russen etwas reserviert, aber eigentlich sind sie ein sehr warmherziges Volk. Die Gastfreundschaft hat einen sehr hohen Stellenwert. Und wenn sie dich erst mal kennen, machen sie fast alles für dich.«
»Warum kennen Sie sich denn so gut aus?« »Nun ja, ich bin hier aufgewachsen, doch meine Urgroßeltern waren Deutsche. Sie haben sich hier angesiedelt und fleißig gearbeitet. Aber sie haben darauf geachtet, dass sie ihren Kindern und Enkeln die deutsche Sprache und den christlichen Glauben weitergeben. Es gibt auch heute noch deutsche Gottesdienste hier in Russland. Mittlerweile sind viele der sogenannten Russlanddeutschen wieder

nach Deutschland zurückgekehrt. Das Schwierige ist nur, dass wir in Deutschland als Russen angesehen werden. Und in Russland wiederum gelten wir als Deutsche. Irgendwie gehören wir weder hier noch dort richtig dazu.«

Samstag
Bitte schenke den »Russlanddeutschen« ein Zuhause, wo sie sich wohl fühlen können.

Sonntag
Ich bete für meine Freunde, die in letzter Zeit umgezogen sind:...

Die berühmten russischen Matroschka-Puppen.

Wer in Russland eine ältere oder übergeordnete Person anspricht, wählt die Anrede mit Vor- und Vatersnamen. Swetlana Iwanowna lautet zum Beispiel die Anrede für Swetlana, die Tochter des Iwan. Ihren Bruder Dmitri würde man mit Dmitri Iwanowitsch ansprechen.

121

RUSSLAND

Mit eingelegtem Gemüse durch den Winter. **Die Alkoholregale im Laden sind sehr groß!**

Was der Mann da erzählt, ist sehr interessant. Du sagst: »Könnten Sie mir vielleicht noch ein bisschen mehr über Russland erzählen?«

»Also zuerst einmal: ich bin Viktor und du kannst mich gerne duzen. Das russische Volk wurde seit vielen Jahrhunderten von **starken Herrschern** regiert - zuerst waren es Großfürsten, dann Zaren und später die kommunistischen Führer. Die bekanntesten davon hießen Lenin und Stalin. Die Regierung sagte, wie es zu laufen hat. Es wurde dafür gesorgt, dass die Bürger dem Folge leisteten. Während der kommunistischen Zeit gab es eine Geheimpolizei. Die Leute sagten, die hätte überall ihre Spione gehabt, Telefongespräche abgehört oder Post kontrolliert. Und das hinterließ Spuren bei den Menschen!«

»Wie macht sich das bemerkbar?« »Dazu erzähle ich dir ein Erlebnis. Ich besuchte meine Oma in einer kleinen Stadt, denn im Sommer brauchte sie immer Hilfe im Garten. So verbrachte ich meine Ferien bei ihr. Die Besonderheit war, dass man diese Stadt als Ausländer bis vor zehn Jahren nicht betreten durfte.« Schnell fragst du dazwischen: »Warum nicht? Hatten Sie was zu verstecken?« Viktor schmunzelt: »Jein, ich weiß nicht. Da war auf alle Fälle ein großes Stahlwerk, das Panzer hergestellt hat. Auch heute noch sind die Menschen dort keine Ausländer gewöhnt. Beispielsweise als ich mit meiner Oma auf der Straße deutsch sprach, drehten sich einige Passanten nach uns um. Besonders fiel mir auf, dass die Stadt sehr leise war. Außer den Autos und Bussen hörte man wenig. Keine lauten Gespräche, kein Schreien und kein lautes Lachen. Selbst wenn sich Leute in der Maschrutka (Kleinbus-Taxi) unterhielten, hörte man fast keinen Ton. Meine Oma erklärte mir, dass dies wegen der Erfahrungen mit der Geheimpolizei so ist. Die Leute trauen keinem Fremden. Daher verhalten sie sich so leise und unauffällig wie möglich. Die Angst ausspioniert zu werden ist wohl noch da. Darum entsteht der Eindruck, Russen seien unfreundlich.«

Montag
Himmlischer Vater, es macht mich traurig, dass Regierungen immer wieder ihre Bürger unterdrücken.

Dienstag
Die Vergangenheit prägt uns Menschen. Hilf, dass wir Gutes behalten und Schlechtes abgeben können.

Mittwoch
Danke, dass wir uns keine Angst haben müssen, ausspioniert zu werden.

Donnerstag

Die Gastfreundschaft der Russen finde ich toll. Davon will ich gerne lernen.

Mahlzeit!

»Hast du denn auch andere Erfahrungen gemacht?« »Ja klar! Als Gast wird man wie ein König behandelt. Zuerst gibt es eine herzliche Begrüßung, dann ein reichhaltiges Essen. Wenn alle schon völlig satt sind, wird noch Tee und Kuchen aufgetischt. Es soll dem Gast an nichts fehlen! Soll ich dir ein paar Bilder davon zeigen?«

Während ihr gemeinsam die Fotos anschaut, fallen dir Gebäude mit einer runden Kuppel auf. Viktor erklärt: »Das sind **russisch-orthodoxe Kirchen**. Die orthodoxe Kirche hat sich von der katholischen Kirche abgespalten und kam vor etwa 600 Jahren nach Russland. Das Kirchengebäude versteht sich als eine Begegnungsstätte zwischen Himmel und Erde. Gottes Herrlichkeit soll man mit allen Sinnen spüren können. Dementsprechend ist der Altar und viele Bilder vergoldet! Es riecht nach Weihrauch, Heilige werden verehrt und im Hintergrund verliest der Pope auf altslavisch die Messe. Schade, dass bei allem dem die heilig gesprochenen Menschen anscheinend mehr im Mittelpunkt stehen als Jesus selber.«

Rezept für russische Pelmeni:

1. Knete aus 500g Mehl, 200 ml Wasser, einem Ei und etwas Salz einen Teig und lass ihn 30 Minuten ruhen.
2. Schneide eine Zwiebel klein und vermisch sie mit 400 g Hackfleisch, sowie mit etwas Salz, Pfeffer und Muskatnuss.
3. Bringe einen Topf mit Wasser zum Kochen. Salz hinzufügen.
4. Welle den Teig aus (relativ dünn) und steche runde Teigkreise mit einem Glas aus. In die Mitte kommt etwas Hackfleisch und dann werden die Ränder fest zusammengedrückt.
5. Pelmeni ins kochende Wasser geben und nach etwa 5 Minuten rausnehmen. Fertig!
6. Die heißen Pelmeni werden mit Schmand serviert!

Freitag

Danke, lieber Vater, dass wir eine persönliche Beziehung zu Dir haben können.

Samstag

Danke, dass wir uns mit unseren Gebeten direkt an Dich wenden dürfen!

Sonntag

Lieber Vater, heute bete ich Psalm 121.

In Russland liegt im Winter durchgängig Schnee. Damit man nicht den Schneematsch in die Gebäude reinträgt, gibt es spezielle blaue »Plastikschuhe« für Besucher. Diese zieht man über seine Straßenschuhe und verhindert somit dreckige Fußspuren auf dem Flur. Gute Idee, nicht wahr?!

FRANKREICH

Auf dem Flug zu deinem nächsten Ziel Frankreich informierst du dich: Der Landesname leitet sich vom Volksstamm der **Franken** ab. Diese beendeten im 5. Jahrhundert die römische Herrschaft über Gallien. Frankreich ist nach Russland und der Ukraine das **drittgrößte Land** Europas. Es gibt viele Dörfer, in denen Jahrmärkte, Feste und Feiertage den Jahresablauf bestimmen. Das Leben gestaltet sich eher ruhig und gelassen. Die Familie spielt eine wichtige Rolle. Oftmals verbringt man die Abende zu Hause. Wenn man andere treffen möchte, geht man auf öffentliche Plätze oder in Cafés. In den Parks sieht man Menschen, die gemeinsam das Nationalspiel der Franzosen, Boule (Pétanque), spielen.

Drei Viertel der Bevölkerung leben jedoch in den schönen Städten Frankreichs. Vor allem in der Hauptstadt **Paris** und Umgebung gibt es zahlreiche Sehenswürdigkeiten, wie den Eiffelturm, die alte Kathedrale Notre-Dame, Disneyland Paris, das Prachtschloss Versailles mit seiner wunderschönen Gartenanlage oder auch die zahlreichen Straßencafés entlang der berühmten Einkaufsstraße Champs-Elysées.

Franzosen zählen zu den Genießern. Sie stellen die neuste Mode und die wohlriechendsten Parfüms her. Doch besonders was das Essen und Trinken angeht, sind sie herausragend. Der reichhaltige Speiseplan hält viele Spezialitäten für dich bereit. Die Franzosen schaffen es, dass selbst Weinbergschnecken und Froschschenkel zur Delikatesse werden.

Montag
Himmlischer Vater, ich danke Dir, dass Frankreich so ein tolles Land ist.

Dienstag
In der Geschichte waren schlimme Kämpfe zwischen Frankreich und Deutschland. Das war wirklich schlimm.

Mittwoch
Herr, danke, dass Du aus Feinden Freund machen kannst. Das freut mich sehr!

Strand von Saint Malo.

Der Soldatenfriedhof erinnert an die gefallenen Soldaten.

Die Steinhäuser sind typisch für die Normandie.

Wochenaktion:
Plant als Familie einen Abend, an dem es ein gutes Essen gibt, Asterix und Obelix gelesen wird und ihr gemeinsam Spiele spielt.

In Frankreich nimmt man sich viel Zeit für das **gemeinsame Essen**. Feiertagsessen werden in verschiedenen Gängen serviert: Sie beginnen mit einer Suppe zur Vorspeise. Dann folgen ein Gang mit Fisch oder Teigwaren, danach das Hauptgericht mit Fleisch und Gemüse. Danach ein Salat. Eine kleine Auswahl aus den 365 verschiedenen Sorten Käse schließen den Magen. Zu den unterschiedlichen Gängen und Speisen werden entsprechende Weine serviert. Den Abschluss krönt dann noch ein Dessert, Obst und der Kaffee.
Mmmmh ..., da läuft einem ja das Wasser im Mund zusammen!

Freitag
Ich möchte von der Lebensfreude und Geselligkeit der Franzosen lernen.

Samstag
Lieber Vater, danke für den Ideenreichtum der französischen Küche!

Ich staune über die prächtigen Bauwerke in Frankreich!

Sonntag
Ich bete für die Köche meines Lieblings-Restaurants, die so viel arbeiten müssen!

Sportlich gesehen ist die Tour de France, bei der Menschen mit ihren Fahrrädern Frankreich durchqueren, das Ereignis des Jahres. Diese Tour findet seit 1903 statt und wurde nur während der Weltkriege ausgesetzt.

FRANKREICH

Montag
Himmlischer Vater, danke für die Markt- standarbeit, die für viele Franzosen ein Segen ist.

Diensta
Bitte sche
den Missio
ren Woche
Woche Kra
Freude und
te Gesprä
am Stan

Inzwischen bist du in **Coutances**, einer Stadt in der **Normandie** angekommen. Dir fallen sofort die hohen Türme der prächtigen Kathedrale ins Auge. »Das muss ich mir von der Nähe ansehen!«, denkst du dir und steuerst sie an. Auf dem Weg läufst du an einem großen Markt vorbei. Mmmmh, wie das duftet! Das ist die Chance, frische Crépes, Baguette, Käse, Würstchen oder Pommes zu kaufen!

Plötzlich spricht dich jemand an: »Bonjour! Kann ich dir eine heiße Schokolade anbieten?« Eine nette Dame lächelt dich an. An ihrem Stand sind viele Bücher und Karten ausgelegt. Du antwortest: »Ja, gerne.« Während du die leckere Schokolade trinkst, stellst du ihr einige Fragen: »Was ist das hier für ein Stand?« Sie antwortet: »Das ist der Stand der **Evangelischen Gemeinde Coutances.** Wir möchten gerne mit den Marktbesuchern über die Bibel und Jesus Christus ins Gespräch kommen. Dies ist nicht gerade einfach, aber immer wieder haben wir auch tolle Begegnungen. Ich mag die Gespräche mit den Leuten sehr.« Du hast eine Frage:

»Wie lange gibt es euren Stand schon?« Die Frau überlegt kurz: »Na, fast zwanzig Jahre.« »Unglaublich! Da gab es sicher auch schon ganz besondere Erlebnisse, nicht wahr?«

»Ja, sehr viele. Eine davon möchte ich dir gerne erzählen. Der Pastor, der die Arbeit begonnen hat, war jeden Donnerstagvormittag auf dem Markt. Das sprach sich herum. Eines Tages kam ein Mann vorbei, um ihm einige Fragen über den Glauben zu stellen. Da diese sehr schwierig zu beantworten waren, erwiderte der Pastor ehrlich: ›Darf ich über Ihre Anfragen noch einmal nachdenken und Ihnen nächste Woche eine zuverlässige Antwort geben?‹«

Die Frau erzählt weiter: »Der Mann war sehr erstaunt. Ein Pastor, der keine schnellen Antworten gab, sondern die Fragen ernst nahm und gründlich darüber nachdenken wollte. Das beeindruckte ihn sehr. So erschien er in der folgenden Woche wieder. Und auch in der darauf folgenden Woche. Wöchentlich erkundigte er sich über Gott und den Glauben. Alle

»Bonjour«

Mittwoch

u hast uns sagt: »Wer cht, der wird en!« Du lässt ich finden! nke dafür!

Donnerstag

Schade, dass viele Kinder in Frankreich weder in den Familien noch in der Schule von Dir erfahren.

Freitag

Danke, dass Du in der Bibel Antworten auf unsere Fragen gibst.

Samstag

Wie wunderbar ist es, dass Menschen mit Dir ein neues Leben beginnen können.

Sonntag

Danke für folgende Menschen, die mir schwierige Fragen über Gott beantworten: ...

seine unbeantworteten Fragen konnte er mit dem Pastor bereden. Dies führte dazu, dass er schließlich in die Gemeinde kam und Jesus Christus als seinen persönlichen Herrn annahm.«

»Wie beeindruckend! Ich dachte, diese große Kathedrale lässt darauf schließen, dass den Franzosen der christliche Glaube sehr wichtig ist?« »Das wäre schön, aber leider ist das schon lange nicht mehr der Fall. **Seit 1905** ist Frankreich offiziell kein christlicher Staat mehr. Dies bedeutet, dass es auch in der Schule keinen Religionsunterricht oder Schulgottesdienst gibt. Mittlerweile können viele Franzosen nur wenig mit Jesus und dem christlichen Glauben anfangen. Aber Menschen brauchen Jesus. Er schenkt Vergebung, Orientierung und Erfüllung in ihrem Leben. Und deshalb sind wir hier! Wir möchten den Franzosen die gute Nachricht weitersagen, die in Vergessenheit geraten ist.«

In Frankreich gibt es Begrüßungsküsschen (bises). Man küsst dabei auf jede Wange mindestens ein Mal, aber nicht auf die Haut, sondern in die Luft. Männer untereinander begrüßen sich allerdings meist per Handschlag.

127

DEUTSCHLAND

Der jüdischen Opfer des Holocaust wird durch dieses Denkmal gedacht.

Nach dieser erlebnisreichen Reise ist es Zeit, nach Deutschland heimzukehren. Schließlich warst du nun lange genug in verschiedenen Ländern unterwegs.

Weißt du, seit wann es den Nationalstaat Deutschland gibt? 1871 schlossen sich die verschiedenen Staaten zu einem einzigen Staat zusammen. An den Namen der Bundesländer erkennt man noch einige Staaten, wie Baden oder Württemberg, Mecklenburg oder Vorpommern. Der Name Deutschland leitet sich übrigens vom althochdeutschen Wort »diota« (Volk) ab.

Es wird angenommen, dass die Farben der deutschen Flagge **Schwarz-Rot-Gold** von der Uniform des Lützower Freikorps kommen. Diese Einheit, die aus Freiwilligen bestand, kämpfte 1813 gegen den französischen Napoleon, um Deutschland von dessen Besetzung zu befreien. Die Uniformen bestanden aus schwarz gefärbten Röcken, roten Aufschlägen und goldenen Knöpfen.

Deutschland war in seiner Geschichte oft an Kriegen beteiligt. Zuletzt war es **Adolf Hitler,** der 1939 den zweiten Weltkrieg begann. Sein Ziel war es, die Juden auszurotten und Osteuropa zu erobern. Der Krieg forderte weltweit rund 60 Millionen Opfer. In Konzentrationslagern kamen fast 10 Millionen Juden, Sinti/Romas, Behinderte und Andersdenkende um. Wobei sich die Zahl der weltweit gefallenen Soldaten auf 50 Millionen beläuft. Dazu kamen noch die zerbombten Städte und persönliche Verletzungen hinzu, mit der die Bevölkerung klarkommen musste. Nach der Niederlage wurde 1949 Deutschland in zwei Teile geteilt. Es entstanden die Deutsche Demokratische Republik **(DDR)** und die Bundesrepublik Deutschland **(BRD)**. Die Grenze verlief mitten durch die Stadt Berlin. Um dies deutlich zu machen, baute man eine Mauer, die sogar Familien, Verwandte und Freunde voneinander trennte. 41 lange Jahre später gab es in Deutschland ein Wunder zu feiern: Am 3. Oktober 1990 wurde das Land wieder eins! Berlin wurde wieder zur Hauptstadt von Deutschland und der Tag der deutschen Einheit wurde zum Feiertag.

Mittlerweile zählt das deutsche Volk über 80 Millionen Einwohner. Doch die Bevölkerung schrumpft! Es sterben mehr Menschen, als dass neue geboren werden. Im Vergleich zu den anderen europäischen Staaten kommen in

Montag
Himmlischer Vater, danke für (meine Heimat) Deutschland!

Dienstag
Es ist so furchtbar, was für Unheil, Zerstörung und Trauer Kriege ausgelöst haben.

Mittwoch
Danke, dass Du die Wiedervereinigung Deutschlands möglich gemacht hast!

Der Reichstag – von hier aus wird Deutschland regiert.

Wochenaktion:
Wie gut kennst du Deutschland? Gehe auf folgende Internetseite und bilde dich weiter:
www.wdr.de/tv/neuneinhalb/
deutschlandspiel/

Deutschland am wenigsten Babys auf die Welt. Worin die Gründe liegen, kann man nicht genau sagen. Doch eines ist sicher: Wenn in Deutschland das Beenden einer Schwangerschaft (Abtreibung) nicht erlaubt wäre, kämen pro Jahr mindestens 110 000 deutsche Babys mehr auf die Welt.

Freitag
Himmlischer Vater, danke, dass Du Babys entstehen lässt. Die sind echt so goldig!

Donnerstag
Danke, dass wir so einfach in unsere Nachbarländer reisen können.

Samstag
Hilf den Eltern, ihre Kinder nach Deinen Vorstellungen und Anweisungen zu erziehen.

Sonntag
Ich bitte Dich für die Ehepaare, die gerne Kinder wollen, aber keine bekommen können.

Das bekannteste Volksfest Deutschlands ist das Münchner Oktoberfest. Jedes Jahr kommen sechs Millionen Besucher aus der ganzen Welt zu diesem Fest. Dabei werden bis zu fünf Millionen Liter Bier getrunken.

DEUTSCHLAND

Von Paris aus fährst du mit dem schnellsten Schienenfahrzeug der Welt, dem TGV, nach Karlsruhe. Da du noch ein bisschen Zeit hast, schlenderst du dort durch die Fußgängerzone. Es überrascht dich, dass du hier Menschen aus der ganzen Welt triffst: Inder, Chinesen, Südamerikaner, Südeuropäer und Afrikaner. Zum Teil wohnen, studieren und arbeiten sie hier. Wie gut, dass du über die Hintergründe der Menschen durch die Gebetsreise etwas genauer Bescheid weißt!

Die Einwohner Deutschlands sind bunt gemischt. **Jeder fünfte Bürger** hat einen Migrationshintergrund, das bedeutet, dass er selbst, seine Eltern oder Großeltern von einem anderen Land nach Deutschland gezogen sind und sie hier eine neue Heimat gefunden haben. Außerdem ist Deutschland bei den ausländischen Studenten sehr begehrt. Sie verlassen ihre Familie und Heimat und kommen hier her, um zu studieren. Der größte Anteil der ausländischen Studenten sind übrigens Chinesen.

Plötzlich siehst du eine deutsche Frau, die mit einer asiatisch aussehenden jungen Frau spricht. Als du dich näherst, hörst du, wie sie **chinesisch** miteinander sprechen. Das macht dich neugierig. Gerade in diesem Moment verabschieden sich die beiden voneinander und du ergreifst die Chance, um die deutsche Frau anzusprechen: »Hallo, entschuldigen Sie,

In Deutschland leben Menschen aus verschiedenen Ländern zusammen. Wie wichtig ist es, dass man offen für andere ist, sich für sie interessiert und mit ihnen spricht.

Montag
Lieber Vater, danke für die aufschlussreiche Gebetsreise, die ich mit Dir machen konnte.

Dienstag
Danke, für die Menschen aus den verschiedensten Ländern, die in Deutschland wohnen.

Mittwoch
Hilf uns, dass wir Menschen aus anderen Ländern nicht ausgrenzen.

Donnerstag
Danke für die Menschen, die sich um die ausländischen Studenten kümmern.

Wochenaktion:
Überlege, wem du von Jesus erzählen möchtest. Auf Seite 138 findest Du Ideen, wie Du das machen kannst. Bete für eine Gelegenheit, in der du das umsetzen kannst.

aber warum können Sie denn so gut chinesisch?« Sie antwortet bereitwillig: »Tja, ich lebte lange Zeit gemeinsam mit meinem Mann und meinen Kindern in Taiwan. Wir arbeiteten dort als Missionare. Seitdem wir wieder in Deutschland zurück sind, kümmern wir uns um die chinesischen Studenten, die hier studieren. Auch letzte Weihnachten luden wir die Chinesen ein und feierten gemeinsam. Das war wirklich schön!«

Dann fragst du: »Wie geht es denn den ausländischen Studenten hier in Deutschland?« Sie antwortet dir: »Den meisten gefällt es. Doch viele fühlen sich auch einsam. Sie machen sich Gedanken über ihr Leben und sind oftmals auch der Suche nach einem tieferen Sinn. Früher ging es mir auch nicht anders. Durch Jesus habe ich meinen Sinn im Leben gefunden. Deshalb bieten wir auch den chinesischen Studenten an, mit ihnen in der Bibel zu forschen und Antworten auf ihre Fragen zu entdecken. Viele nehmen dieses Angebot freudig an.«

Dann macht sie eine kurze Pause und sagt: »Was mich jedoch schockiert hat ist, dass viele Deutsche eben so wenig Ahnung von der Bibel und Jesus zu haben scheinen, wie Menschen, die in nichtchristlichen Ländern aufgewachsen sind! Viele lehnen die Botschaft sogar ab. Sie wissen einfach nicht, was für einen **kostbaren Schatz** sie dabei verwerfen. Die Bundeskanzlerin Angela Merkel hat recht, wenn sie dazu auffordert: ›Lasst uns doch mal über das Christentum wieder reden. Lasst uns das doch mal mit fröhlichem Herzen verkünden. Wie oft machen wir denn das?‹ Deutschland braucht auch Jesus!«

Es ist echt wichtig, dass man sich als deutscher »Gastgeber« um die ausländischen Menschen im Land annimmt.

Freitag
Vater, es macht mich so traurig, dass so viele Deutsche Dich gar nicht mehr kennen und ernstnehmen.

Samstag
Ich bitte Dich, dass Deutschland wieder ein Land wird, das sich zu Dir bekennt.

Sonntag
Ich möchte mein Leben mit Dir leben und Dich immer besser kennen lernen.

Deutschland gilt zwar als Land der Reformation, aus dem die evangelische Kirche entstand. Früher war den Deutschen ihr Glaube an den lebendigen Gott sehr wichtig, aber heute wissen viele nicht mehr, was in der Bibel steht.

DIETRICH BONHOEFFER

Kennst du das folgende Lied?

»Von guten Mächten wunderbar geborgen, erwarten wir getrost, was kommen mag. Gott ist bei uns am Abend und am Morgen und ganz gewiss an jedem neuen Tag«

Dietrich Bonhoeffer, Widerstand und Ergebung © 1998, Gütersloher Verlagshaus, Gütersloh, in der Verlagsgruppe Random House GmbH

Weißt du in welcher Situation dieser Text geschrieben wurde? Es hört sich an, als ob es dem Schreiber völlig gut gehen würde, nicht wahr? Diese Zeilen wurden jedoch in einem Konzentrationslager verfasst. Dietrich Bonhoeffer hat sie 1944 als Weihnachtsgruß an seine Verlobte geschrieben. Was war geschehen?

Dietrich wurde 1906 kurz vor seiner Zwillingsschwester geboren. Somit war er der sechste von acht Kindern im Hause Bonhoeffer. Sein Vater war Professor. Der wissbegierige Dietrich hörte gerne zu, wenn die gelehrten Gäste mit seinem Vater am Esstisch diskutierten.

1914 brach der Erste Weltkrieg aus. Sein großer Bruder Walter musste an die Front. Als die Schreckensnachricht von Walters Tod die Familie Bonhoeffer erreichte, begann sich Dietrich mit dem Thema Tod auseinander zu setzen. Eines war ihm klar: So einen schlimmen Krieg sollte es nie mehr geben!
Mit 17 Jahren begann Dietrich mit dem Studium der Evangelischen Theologie. Er war sehr klug, durchschaute vieles und bekam schon als 21jähriger einen Doktortitel verliehen. Während seiner Studienzeit kam er weit in der Welt herum: Tübingen, Rom, Barcelona, New York und London. Er war Gemeindepfarrer, Universitätsprofessor, Lehrer am Predigerseminar und ein sehr beliebter Redner. Zudem veröffentlichte er Bücher und Aufsätze, die auch heute immer noch gelesen werden.

Bonhoeffer legte großen Wert auf ein gutes Miteinander der Christen weltweit, ebenso dass Jesus das Zentrum von allem sein muss und dass man seinen christlichen Glauben auch öffentlich lebt.

Die Wende in Dietrichs Leben kam 1933 mit dem Machtantritt von Adolf Hitler und den Nationalsozialisten. Er durchschaute von Anfang an, dass sie Krieg, Terror und Unrecht mit sich bringen werden. Die Judenverfolgung erlebte er durch seine jüdischen Freunde hautnah mit. Das konnte nicht Gottes Wille sein!

So wehrte sich Dietrich öffentlich gegen diese Regierung und ihre Befehle.

Dies blieb nicht ohne Folgen. Das Predigerseminar Finkenwalde, das Bonhoeffer leitete, wurde 1937 von den Nazis geschlossen. Er unterrichtete aber trotzdem bis 1940 heimlich am Seminar weiter und bildete Pastoren aus. Dann bekam er jedoch Rede- und Schreibverbot. Er durfte seine kritischen Gedanken der Regierung gegenüber nicht mehr öffentlich aussprechen noch schreiben. Die Regierung unter Adolf Hitler duldete niemanden, der die Stimme gegen sie erhob. Die Situation in Deutschland spitzte sich immer mehr zu. Der Krieg brach aus. Die Juden wurden verfolgt und jeder Gegner wurde ausgeschaltet. So konnte es nicht weitergehen. Bonhoeffer schloss sich einer politischen Gruppe an, die gegen Adolf Hitler vorgehen wollte.

1943 wurde er wegen »Wehrmachtszersetzung« verhaftet und kam ins Gefängnis. Bonhoeffer hatte sich erst zwei Monate zuvor verlobt. Nach zwei Jahren Haft wurde Dietrich Bonhoeffer 1945 erhängt, weil er sich gegen die furchtbaren Machenschaften der Nazis gewehrt hatte. Doch selbst bei seiner Hinrichtung hatte er eine Gelassenheit, die nur Gott ihm geben konnte. Er schrieb seiner Verlobten, dass er sich keinen Tag alleine fühle, weil Gott stets mit ihm sei. Diese Geborgenheit in Gott kommt auch in dem Text »Von guten Mächten« zum Ausdruck. Selbst heute noch gilt Bonhoeffer mit seinem Glauben, Mut und Scharfsinn als ein großes Vorbild.

Herzlichen Glückwunsch!
Du hast es geschafft!

Nun sind wir am Ende der Gebetsreise angelangt. Während der Reise hast du viel gelesen und erlebt. Wie war es für dich? Hattest du ein besonderes Erlebnis in dieser Zeit? Hat Gott auf deine Gebete geantwortet?

So eine Reise hat es ganz schön in sich, nicht wahr? Schließlich hast du neue Kulturen, Bräuche, Sprachen und Menschen kennengelernt. Natürlich gäbe es zu den einzelnen Ländern noch viel mehr zu sagen. Aber unsere Zeit war sehr begrenzt. Vielleicht hast du ja Lust, auf eigene Faust noch weiter zu forschen?!

Wenn nun auch die **offizielle** Gebetsreise beendet ist, sollte deine **persönliche** Gebetsreise weiter gehen. Gott ermutigt uns, mit allem was uns beschäftigt zu ihm zu kommen. In der Bibel steht: »Lasst euch durch nichts vom Gebet abbringen, und vergesst dabei nicht, Gott zu danken.« (Kolosser 4,2).

Und dies gilt auch für die Zeit nach dieser Gebetsreise. Sicher hast du dir Sachen in dein Gebetsheft geschrieben, für die du weiterhin beten möchtest.

Bitte bleib dran – selbst wenn du nicht gleich eine Veränderung oder ein Ergebnis siehst. Vertraue die Menschen weltweit, die Missionare, deine Freunde, Bekannte und dich selbst im Gebet Gott an. Das ist das Beste, was du tun kannst. Bei Gott sind deine Gebete an der richtigen Adresse. Er wird das Richtige tun!

Gott segne dich und beschenke dich mit all dem, was du gerade brauchst!

Auswertung 1
Nanana! Zurück zum Start und den Check ehrlich durchführen!

Auswertung 2
Toll, dass du mit Gott reden kannst! Das ist auch schon die beste Vorraussetzung, um diese Gebetsreise anzutreten! Gott kennt und liebt dich durch und durch – mit ihm als Reisebegleiter kann dir nichts passieren. Deshalb nichts wie los auf die Gebetsreise!!

Auswertung 3
Ja, das stimmt! Gott hat fest versprochen, dass er sich um uns kümmert und uns nie hängen lässt. Er hat sogar versprochen, dass er uns durchträgt, wenn wir nicht mehr weiter können - so wie das Eltern tun, wenn ihre Kinder auf dem Spaziergang schlapp machen. Also nichts wie los auf die Gebetsreise!

Auswertung 4
Gib Gott eine Chance, dass er sich dir auf der Gebetsreise vorstellt. Du bist ihm sehr wichtig und er kennt dich ganz genau. Deshalb möchte er dein Wegbegleiter sein und dir verschiedene Dinge zeigen. Wag es einfach, denn »wer nicht wagt, gewinnt auch nicht«. Nichts wie los auf die Gebetsreise!!

**Es gibt noch viel mehr
Missionsgesellschaften und Missionsprojekte!**

Unter folgenden Internetseite sind eine ganze Reihe davon
aufgelistet:
Gehe auf www.aem.de, klicke auf **»Arbeitsgemeinschaften«**
und dann auf **»Mitglieder«**.
Dann kannst du dich nach Belieben informieren.

In diesem Buch wurden verschiedene Missionsprojekte vorgestellt.

Um nähere Informationen zu erhalten,
kannst du dich an diese Missionsgesellschaften wenden.
Wenn du spenden möchtest, findest du auf den Homepages
der Missionsgesellschaften schnell die aktuelle Bankverbindung.
Vergiss nicht, den Verwendungszweck anzugeben,
wenn deine Spende für ein bestimmtes Missionsprojekt gedacht ist.

Land	Missionsgesellschaft	Im Buch erwähnte Missionsprojekte
Israel	**Deutsche Missionsgemeinschaft**	Beit al liqa' Shahwan
Simbabwe	74889 Sinsheim www.DMGint.de	AIDShilfe Waldvogel
Demokratische Republik Kongo	**DIGUNA e.V.** 35708 Haiger www.diguna.de	Radioarbeit DRK
Moldawien	**Geschenke der Hoffnung e.V.** 12249 Berlin www.Geschenke-der-Hoffnung.org	Projektnummer: 300 501
Argentinien Bangladesch Burundi Botswana Deutschland Ecuador Frankreich Japan Kanada Malawi Palau Papua- Neuguinea Russland	**Liebenzeller Mission** 75375 Bad Liebenzell www.liebenzell.org	El Retorno Kinderheim Versöhnungsarbeit Flugpilot Migrantenarbeit Patenkinder Marktarbeit Missionarskinder Flüchtlingsarbeit Fernschulgebühr Impact Settlementarbeit Buscharbeit Gemeindearbeit
Saudi Arabien	**Open Doors Deutschland** 65761 Kelkheim www.opendoors-de.org	Medien Islamische Welt
Yap	**Wycliff e.V.** 57299 Burbach www.wycliff.de	Bibeln drucken

Seite 25: Ecuador
Dies ist ein Projekt der Liebenzeller Mission.
Wenn Interesse an einer Patenschaft besteht, kann man sich an Bert Rubacek wenden:
Tel.: 07052 17-128
bert.rubacek@liebenzell.org

Seite 47: Afrika-Party
Bei der Liebenzeller Mission kannst du ein Programm für eine Afrika-Party anfordern. Wende dich vertrauensvoll an den Materialdienst der Liebenzeller Mission.
Tel.: 07052 17-296
material@liebenzell.org

Seite 89: Wie beginne ich ein Leben mit Jesus?
Es empfiehlt sich, dass du diese Entscheidung mit jemandem besprichst, der Christ ist. Lass dir nochmal erklären, was es bedeutet mit Jesus als Freund und Herrn zu leben. Wenn du wirklich ein Leben mit Jesus beginnen möchtest, kannst du das ihm in einem Gebet sagen.

Hier findest du ein Beispiel für so ein Gebet:
»Jesus, ich danke dir, dass du mich liebst, so wie ich bin. Du willst mein Freund sein und hast mich angesprochen. Mir ist klar geworden, dass in meinem Leben viel falsch läuft. Ich nehme mir echt vor, brav zu sein, aber ich schaffe es einfach nicht. Ich bin schuldig! Es ist, als ob ich einen schweren Rucksack voller Schuld mit mir herumtrage, den ich einfach nicht los werden kann. Bitte vergib mir alles, was ich falsch gemacht habe. Nehme meinen Schuldenrucksack weg! Jesus, danke, dass du mich frei machen willst! Du hast mit deinem Sterben am Kreuz für meine Schuld bezahlt. Ich möchte dieses Angebot von dir in Anspruch nehmen. Ich bitte dich, mich von all dem zu befreien, was mich und meine Freundschaft zu dir kaputt machen will. Jesus, ab nun möchte ich zu deiner Familie gehören. Ich möchte dir gehorchen. Du sollst der Chef in meinem Leben sein. Ich möchte dich noch mehr kennenlernen und in deinem Wort lesen. Ich möchte jeden Tag mit dir sprechen. Ich möchte regelmäßig am Familientreffen (Gottesdienste) teilnehmen und mich mit meinen Geschwistern austauschen.
Danke, Jesus, dass ich nun zu dir gehören darf und du in mir lebst! Ich bin bereit mich von dir prägen und verändern zu lassen. Ich bin sehr gespannt, was wir alles miteinander erleben werden! Amen.«

Seite 93: Päckchen an Missionarskinder
Frag mal in deine Eltern oder Leute deiner Gemeinde, ob sie Missionarskinder kennen, denen du ein Päckchen schicken könntest. Wenn sie dir nicht weiterhelfen können, kannst du dich an eine der oben genannten Missionsgesellschaften wenden und sie nach einer Adresse eines Missionarskindes fragen.

Seite 119: Auflösung
Die deutsche Übersetzung ist:
Hallo, Danke, Entschuldigung, Tschüß

Seite 131: Wie erzähle ich von Jesus?

Eigentlich ist dies gar nicht schwer. Jesus ist dein Freund, den die anderen noch nicht kennen. Was macht man in diesem Fall? Eine Vorstellungsrunde! Du erzählst deinen Freunden, was du über Jesus weißt und was du bisher mit ihm schon erlebt hast. Am besten ist es, wenn du von Situationen erzählst, in denen du richtig gespürt hast, wie Jesus dir geholfen hat.

Ansonsten kannst du deinen Freunden auch anhand einer einfachen Zeichnung erklären, was es mit diesem berühmten Tod am Kreuz auf sich hat und warum Jesus das gemacht hat.

2. Leider hielten sich Adam und Eva nicht an das Verbot. Sie ließen sich vom Feind Gottes, dem Teufel verleiten und aßen von dem Baum. Sehr schnell merkten sie, dass sie dadurch alles zerstört hatten. Doch es war zu spät. Keiner konnte diesen Ungehorsam ungeschehen machen. Sie mussten Gottes Nähe und das Paradies verlassen. Ab da begann das Leiden. Diese Trennung von Gott nennt man Sünde.

4. Auch Gott leidet unter der Trennung. So startete er von seiner Seite aus eine Rettungsaktion. Dies war eine sehr schwierige und qualvolle Mission! Gott sandte seinen einzigen Sohn Jesus auf die Erde, um mit dessen Blut für unsere Sünde zu bezahlen. Nur durch Jesu Tod am Kreuz konnte die Brücke zwischen Gott und Mensch wieder hergestellt werden.

1. Gott hat uns Menschen gemacht und liebt uns wie seine eigenen Kinder. Die ersten Menschen hießen Adam und Eva. Sie lebten im Paradies mit Gott. Damals gab es weder Krankheiten, Streit, Tränen oder den Tod. Alles war genial! Adam und Eva fehlte an nichts. Gott hatte ein einziges Verbot aufgestellt – sie durften von einem gewissen Baum nicht essen.

3. Seit diesem Tag leben die Menschen getrennt von Gott. Manche von ihnen stört das nicht. Sie leben ohne Gott. Wieder andere versuchen durch ein vorbildliches Leben eine Brücke zu Gott zu bauen. Andere probieren es mit viel Meditieren und Fasten (nichts essen). Wieder andere gründen eine Religion und sagen, dass dies ihre Brücke zu Gott sei. Doch keine einzige Brücke, die die Menschen bauten, reichte auf die andere Seite.

5. Viele nahmen bereits das Rettungsangebot von Jesus an und begannen ein Leben mit Gott. Andere wollen diese Jesusbrücke nicht nutzen. Sie glauben nicht daran, dass es sie gibt oder versuchen immer noch ihre eigene Brücke auf die andere Seite zu schlagen. Jesus bietet seine Brücke an. Die Frage lautet, ob wir sie in Anspruch nehmen wollen.

FOTONACHWEIS

Falls nicht anders angegeben, stammen die Fotos von Jarsetz.
Herzlichen Dank an die Liebenzeller Mission, die freien Zugang zu ihrem Archiv gewährte.
Bilddatenbanken: www.pixelio.de, Shutterstock

Seite 4-5: Bolan, Kleemann, Shutterstock, Steiert, Wenzler,
Seite 6-7: pixelio (Pascal Schmitt), Shutterstock, Urschitz
Seite 8-9: Shutterstock
Seite 10-11: Shutterstock
Seite 14-15: Kopp, pixelio (Karin Jung, Dagmar Schmidt, Wolfgang)
Seite 16-17: Epting, pixelio (bluemchen, W. Broemme, Campomalo, Wolfgang Schneider, Helmut Wegmann), V. Schmidt
Seite 18-19: pixelio (Robert Babiak, Stephan Bachmann, Marcus Brauer, cl, A. Dreher, Alexandra H., Mk June, Michael Ottersbach, Paulepei, qayyaq, rebel, Gi Rom, Su Rom)
Seite 20-21: Gommel, impact-team 2008, Kümmel, pixelio (Joern Krause)
Seite 22-23: Eckstein, Gommel, impact-team 2008
Seite 24-25: Giebeler, impact-teams 2008-2010, V. Schmidt
Seite 26-27: impact-teams 2008-2010
Seite 28-29: impact-teams 2008-2010, V. Schmidt
Seite 30-31: Epting, pixelio (Helmut Retsch, Wolfgang Trampert)
Seite 32-33: Epting
Seite 34-35: pixelio (Jerzy, kathi 1976, Katharina Wieland Müller), Rostan, Shutterstock
Seite 36-37: Hoffmann, Pflaum, pixelio (Harry Hautumm, meltis, Dieter Schütz), Ockert, Shutterstock
Seite 38-39: Auch, Hoffmann, Morawek, pixelio (Margrit Diallo, Ulla Trampert), Rostan, Shutterstock
Seite 40-41: Hoffmann, Morawek, pixelio (kappisdesign), Rostan, Shutterstock
Seite 42-43: Morawek, Ockert, Urschitz
Seite 44-45: Auch, Hoffmann
Seite 46-47: Auch, Hoffmann
Seite 48-49: DIGUNA
Seite 50-51: Auch, Morawek, Rostan, Schwemmle, Urschitz
Seite 52-53: pixelio (wuestenfux), Rostan, Trick, Urschitz
Seite 54-55: Auch, Morawek, Rostan, Urschitz
Seite 56-57: Waldvogel
Seite 58-59: pixelio (Claus Bünnagel, Lothar Henke, Jochen), Morawek, Rostan, Schubert, Urschitz
Seite 60-61: Gorges, Stamm
Seite 62-63: pixelio (joakant), Scherer, Shutterstock, Sick, Stamm

Seite 64-65: Stamm
Seite 66-67: impact-teams 2008-2010, Scherer
Seite 68-69: impact-teams 2008-2010, pixelio (Nico), Sick
Seite 70-71: Gorges, Sick, Wolny
Seite 72-73: Gorges, Wycliff
Seite 74-75: Stamm, Urschitz
Seite 76-77: Herrmann, Schmalzhaf, Stamm, Wälde
Seite 78-79: Stamm
Seite 80-81: Bolan, Hägele, Lüdemann, pixelio (Hebert Pelikan, k.h.S.), Schwanke
Seite 82-83: Bolan, Gerst, Lüdemann, pixelio (Cornerstone, Gagan, Dieter Schütz, Wilfried Steinacker, Angelina Ströbel)
Seite 84-85: Bolan, Gerst, Kleemann, pixelio (Jerzy Sawluk, Dieter Schütz, Wilfried Steinacker), Roch
Seite 86-87: pixelio (Michael Mertes-Aristillus, Markus Hein, Georg Wittberger)
Seite 88-89: pixelio (dietermann)
Seite 90-91: Beck, Gerst, Hägele, Kleemann, pixelio (Annamartha), Shutterstock, Wenzler
Seite 92-93: Gerst, Schlotz, Schuckert
Seite 94-95: impact-team 2010, Lüdemann, Peusser
Seite 96-97: impact-team 2010, Lüdemann, Rauchholz
Seite 98-99: pixelio (Eckwe, Rebel, Manfred Schütze, Rainer Sturm), Shutterstock
Seite 100-101: Brutzer, pixelio (Matthias Brinker, Dumman, Jerzy Sawluk), Shutterstock, Ulmer
Seite 102-103: pixelio (Dieter Schütz)
Seite 104-105: pixelio (Jerzy), Open Doors, Shutterstock
Seite 106-107: Open Doors, Shutterstock
Seite 108-109: Shutterstock
Seite 110-111: Shahwan
Seite 112-113: Fabian, Weihnachten im Schuhkarton
Seite 114-115: Bolan, Eckel, Frasch, pixelio (Olla-van-the-see)
Seite 116-117: Hoffmann, pixelio (Sonnedo), Shutterstock
Seite 118-119: Bolan, Hertler, pixelio (Alexander Bartl, Bildpixel, Lutz Riedel, Christian Steiner, Rainer Sturm)
Seite 120-121: Auch, impact-team 2008-2010, Kleemann
Seite 122-123: impact-team 2008-2009, Kleemann
Seite 124-125: Morawek, pixelio (Philpp Flury)
Seite 126-127: Morawek, Rapp, Stamm
Seite 128-129: pixelio (Sabine Geißler, Harry Hautumm, Reni N., sokaeiko, Birgit Winter)
Seite 130-131: pixelio (Alan-Lee Perkins), Theurer, Volz
Seite 132-133: Gerst
Seite 134-135: Shutterstock
Seite 138-139: Hertler, Hoffmann, impact-team 2008, Schlotz, V. Schmidt
Zeichnung Seite 42, 102, 132: Carmen Binder

52 Wochen auf spannender Reise um die ganze Welt!

Ein Buch, das Kinder mitnimmt in das farbenfrohe Geschehen der Mission auf der ganzen Welt. Viele interessante Infos über Länder und Leute. Für jeden Tag gibt es ein konkretes Gebetsanliegen.

Für Familien, Gemeindearbeit und aufgeweckte Kinder.

Dies ist mein tägliches Gebetsbuch, komm mit auf eine Reise durch die Welt! Auf dem Reiseprogramm stehen: Amerika, Afrika, Ozeanien, Australien, Asien und Europa. Jede Woche geht es weiter und du erfährst viele interessante und wissenswerte Dinge.
Das Beste ist: Du begegnest den Kindern und Menschen, die dort leben. Mit vielen Bildern, Informationen und unterhaltsamen Ideen. Betest du gerne für andere Menschen und möchtest jeden Tag genau wissen, für was? Dann ist dies dein Buch!

Reiseleitung:
Anette Jarsetz

ANETTE JARSETZ ist in Japan geboren und aufgewachsen. Ihre Eltern sind dort seit 40 Jahren Missionare. Sie kam mit zwanzig nach Deutschland und hat in einer Integrationsklasse als Lehrerin gearbeitet. Daneben war sie fünf Jahre Redakteurin eines Kindermagazins für Mission. Seit 2008 mit David verheiratet, lebt sie nun in Papua-Neuguinea.

HEIDE GIEBELER hat dieses Buch illustriert.

Bestell-Nr.: 52 51520
www.cap-books.de
72221 Haiterbach-Beihingen

cap-books

ISBN 978-3-86773-130-0
9 783867 731300